八ヶ岳デイズ Presents
快適キャンプブック

JN046870

TOKYO NEWS BOOKS

八ヶ岳デイズ Presents
快適キャンプブック

CONTENTS

アウトドアツアーでキャンプを楽しむ

八ヶ岳キャンプで味わいたい こだわりのハム

八ヶ岳キャンプで一息したい お茶とドリンク

八ヶ岳キャンプで一緒に食べたい おいしいパンの店

キャンプの買い出しはココ！ 地産の名物が並ぶお店をチェック

元お茶屋さんのアウトドアベース

八ヶ岳アウトレットリゾートで アウトドアショッピングを満喫

```
┌─────────────────────────────────────────┐
│ CAMP    🚽    🔥   🐾   🔌   🏪   🏠     │
│ DATA  ウォシュレット 直火OK ペットOK AC電源 売店 管理棟 │
│        OK                                │
│ ① CHECK  IN テント9:00〜   OUT テント11:00 │
│ ② 開設時期  4〜10月                      │
│ ③ サイト料金  ¥5,500〜                    │
│ ④ 総サイト数  全50サイト                  │
│ ⑤ レンタル  薪1束¥500、電源¥1,200など      │
│ ⑥ 🏠 長野県佐久郡川上村樋沢1417 ☎ 090-3817-6110 │
│   🅷 なし 🚗 中央自動車道長坂ICから車で約30分 │
└─────────────────────────────────────────┘
```

アイコンの見方

ウォシュレットの有無　直火使用の可否
ペット同伴の可否　　　AC電源の有無
売店の有無　　　　　　管理棟の有無

データの見方

① チェックイン、チェックアウトの時間
② キャンプ場の開設時期
③ 各サイト（場所）の利用料金
④ キャンプ場内の各サイトの総数
⑤ レンタルの有無および詳細
⑥ 🏠 …所在地　　☎ …電話番号
　 🅷 …定休日　　🚗 …交通アクセス

※本誌の掲載データは、2021年6月現在のものです。その後、各社・各施設の都合により変更される場合がありますので、予めご了承ください。
※掲載した商品は本書発売期間中に売り切れる場合がございますので、予めご了承ください。
※掲載された金額は一部を除きすべて税込金額となります。

> キャンプマスター
> 藤田然さんが
> 教える

八ヶ岳
ファミリーキャンプを
楽しむポイント

縄文時代の遺跡が数多く残る八ヶ岳南麓。
昔から変わらぬ景色と雄大な自然に囲まれた中で、
唯一無二の時間を家族と過ごすポイントを押さえておこう

ワンポイントアドバイス

標高が高いところではお子様が高い所に慣れず、一日ぐったりしてしまうこともあります。キャンプ場の近くで一息入れて、標高に慣れてから行ってください。

道の駅 こぶちさわ (P.119)

CAMP SITE

花の里キャンプ場

- 🏠 長野県諏訪郡富士見町境12067 富士見高原スキー場
- ☎ 0266-66-2932
- 🈺 火・水（除外日あり）
- 🚗 中央自動車道諏訪南ICから車で約15分
- 🆔 https://hanano-sato.jp/camping.html

到着したらまずは受付を。利用料金も事前にここで支払う。車の乗り入れ方や炊事場、トイレの場所など、細かい説明もここで聞いておきたい。

私が教えます

藤田然さん

神奈川県横浜市出身。登山や
山小屋での仕事を経験し、人
と自然をつなぐことの重要性を
実感、現在は富士見高原リゾー
トの社員として働くかたわら、
多種多様なアウトドアイベント
やツアーを企画、主催する。八ヶ
岳キャンプは「まず高所に体が
慣れることが大切」と話す。

絶好のロケーションを眺めつつ
家族みんなでテント設営

　標高1,000m、彼方に南アルプスや富士
山を望む富士見高原花の里キャンプ場。
敷地内には約9,000㎡の芝生サイトをは
じめ、森林の中で過ごせる木立サイト、大
パノラマを一望するキャンピングカーサイ

トなどがある。今回訪れた森本さんファミ
リーは絶景が楽しめる天空サイトを選択。
八ヶ岳でのキャンプは初めてとのことで、ベ
テランキャンパーの藤田然さんに極意を聞
き、さっそくテント張りからスタートした。

GOODS

ワンポイントアドバイス

八ヶ岳のキャンプ場は夜になると冷え込むことがあり、時期によっては平地より10℃以上寒くなることもあります。必ずストーブや毛布は持ってくるようにしてください。気温の対策も大切ですよ。

1.スキレットや器などを置く台も持参。バラバラになりがちなキッチングッズをまとめるのに便利だ。2.和也さんお気に入りのソファはリクライニング機能付き。「星空を見るのにもちょうどいいです」3.コンパクトな石油ストーブは扱いやすく、調理にも使える。

見た目がおしゃれで
実用的なアイテムを持参

森本さん一家のテントは風雨に強いコットン製。「見た目がかわいいのも気に入っています」と父親の和也さん。またソファやテーブルなどの小型ファニチャーも準備。いずれもインテリアショップなどで購入したウッド製だ。また、標高が高く夜は冷え込むため小型のストーブを用意。和也さんがテントを張り、母親の瑠美佳さんが内部を整えたら、ちょっとコーヒーブレイク。和也さんと一緒にコーヒー豆を挽いたり、いつもと違うおやつタイムに娘の愛佳ちゃんも大喜びだ。

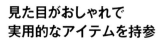

TENT

1.ペグは丈夫なスノーピークの鋳鉄製をチョイス。2.タープの支柱を立てるのは瑠美佳さん、愛佳ちゃんがお手伝い。3.テントはカーカムス社のスプリングバーテント。コットンで破れにくく、焚き火の火の粉や雨にも強い。換気も抜群だ。

ワンポイントアドバイス

標高が高いので、強風に耐えられる強いテントを選ぶことが大切。虫除け対策も必要です。

COFFEE BREAK

1.一緒にコーヒー豆を挽くことも、子どもにとっては楽しい体験のひとつに。2.家からヨーグルトや生クリーム、カステラやカットフルーツを持参して簡単なパフェをおやつに。盛り付けは愛佳ちゃんもお手伝い。3.淹れたてのコーヒーは香り豊か。4.外で味わうおやつは格別だ。

ワンポイントアドバイス

八ヶ岳界隈は自家焙煎のコーヒー豆を販売する店が充実。果物も現地で調達するのがおすすめ。

ACTIVITY

天空カート

運行期間／4月初旬〜11月下旬
受付時間／9:30〜16:00
乗車料金／1人¥800(1台4名まで)

1.「天空カート乗り場」でチケットを購入。2.さっそく天空カートに乗って「創造の森」へ約25分の小旅行に出発！3.「創造の森」までは標高差200m。白樺林をゆっくりと進む。

大絶景に感動した後は夕食&焚き火で至福の時

標高1,420mの山上には「創造の森」がある。展望台からは、雄大な富士山や北岳、奥穂高岳を一望、その絶景に大感動！たっぷりと遊んだ後は、いよいよ夕食と焚き火の準備。「夕食は、ほぼ家で下準備をしてきました」と瑠美佳さん。焚き火を囲んでの家族団らんは何物にも代え難い幸福な時間だ。

4.「創造の森」にあるピザの店ではマルゲリータピザ¥1,500などが味わえる。5.八ヶ岳の名産、ルバーブをたっぷりと使ったルバーブソーダ¥350、ルバーブソーダフロート¥500、カフェラテ¥500。6.「おいしい」と愛佳ちゃんも大満足。

藤田さんおすすめのハンモックはお子様には好評のスポットだ。

ワンポイントアドバイス

「創造の森」に着いたら、ハンモックがありますので、自然を五感で感じながらハンモックに揺られて、ダラダラと過ごすことが一番です！

DINNER

1.この日の夕食はローズマリーチキン、肉味噌チコリ、チーズフォンデュ。焼くだけ、温めるだけというのがポイント。
2.バーナーのコンロで調理。調理台はアイロン台を活用。3.外で食べる夕食に、愛佳ちゃんの食欲も旺盛だ。

BONFIRE

4.焚き火は「子どもが寒がるから、早く火をつけるほうがいい」と着火剤や火力が強いバーナーを使用。5.ブランケットや帽子などの防寒具は必須。6.満天の星空が望めるのは八ヶ岳ならではだ。

ワンポイントアドバイス

焚き火は着火しやすい細い木材を準備しましょう。防寒着は登山用インナーが便利です。

ソロキャンプで八ヶ岳に触れる

非日常の森の中、たった一人で過ごす空間に酔いしれる。
静かな空間が流れる中、あなたは何を感じるだろうか

左上から時計回りに、帽子、プレート、カトラリー、フライパン、ブランケット・ピン、斧、水筒、火打石セット、ナイフ、トラッパーネルソン（リュック）、革手袋。TACKNeさんのオールドスタイルの師匠スティーブ・ワッツ氏の金言「Classic Camping in the Old Styleはいかなる時でも絵にならなければいけない」に基づく"ノー・ナイロン、ノー・プラスチック"の信念が反映されている。

アイテムを厳選して自分だけの
キャンプスタイルを確立する

　八ヶ岳でソロキャンプを楽しむTACKNeさん。本当に必要なものだけを見極めて装備を徹底的にコンパクトにするのがソロキャンプの楽しみ方だと語る。オールドスタイルを貫く彼のように、自分に見合ったキャンプスタイルを確立することも大事である。厳しい自然環境に身を置くには、厳選した道具を生かすことがまず大切だ。

TENT

愛用のキャンバスタープで
自然に溶け込む

　愛用のキャンバスタープをテントのように設営。目指すは"ライフ・アンダー・キャンバス"。テントの中と外とを完全に遮断しないことで、森との一体感が味わえる。星空を眺めながら眠りにつく。

1.落ち葉の上にじかに寝袋を敷く。なるべく自然と近づくのが、オールドスタイルなソロキャンプの極意。2.まずその日の寝る位置を決める。キャンバス地のベッドロールの中にウールのブランケットを入れ、直接地面に敷く。3.寝床を覆うようにしてテントを設営。今回は枝1本で開口部を立ち上げる。4.ロープを引っかけやすい二股の枝を発見。木の枝を利用するのも、荷物を少なくする工夫のひとつだ。

BONFIRE

非日常の不便を
徹底的に味わい尽くす

　テントを設営したら火を起こす。焚き
つけと、薪にする太い枝を集め、火打石
で手早く火をおこす。「利便性とは真逆
だけれど、これがオールドスタイルのキャ
ンプのいちばんの醍醐味」だという。

1.火を起こすのもライターやバーナーよりは時間がかかる。その日の天気や湿度などを読む力も必要になる。2.麻紐を
ほぐして鳥の巣のようにしておく。3.デニム生地を炭化させたチャークロスと火打石を重ねて持ち、火打金を打ちつ
けると火花が散り、チャークロスに着火して火種となる。素早く麻紐に移して火を大きくする。4.TACKNeさんのキャ
ンプには絶対に欠かせない火起こしのセット。

COOKING

1

前夜のうちに調味料をすべて混ぜ、鶏肉を漬けておく。ジッパー付きの袋を利用すると、少量でもまんべんなく漬けられる。袋から取り出してプレートにのせる。

2

リフレクターオーブンにプレートごと入れて焼く。これは、焚き火の放射熱を反射させて調理するオーブンで、アルミ製の折り畳み式で持ち運びしやすい。

3

均等に火が通るように、時折プレートを回す。中まで火が通ったら別のプレートに移し、肉汁をかける。焼いている間にナイフで枝を削り、爪楊枝を作ったTACKNeさん。

タンドリーチキン

鶏もも肉	1枚
ヨーグルト・カレー粉・ケチャップ	各適量
ニンニク・ショウガ	すりおろしを各適量

TACKNeさんのアウトドアクッキングに欠かせない調味料セット。市販の試験管に移し替えたスパイス類とメイプルシロップ。右の陶製の容器はレバーパテ。

ベーコンとタマネギを薄くスライスする。小さな木のカットボードは、1枚あれば、まな板にもお皿にもコースターにも活用できる。ひとつの道具がいくつもの役目を果たす。

ピザソースをピザ生地に塗り、ベーコン、タマネギをのせる。「そんなに凝ったものは作らない」とTACKNeさんは言うが、この日は夕食は手こねのハンバーグだった。

チーズをたっぷりとのせて、熱したリフレクターオーブンで焼く。直接火にかけないので焦げることがなく、生地はカリッと、中はふっくらした本格的なピザが楽しめる。

ベーコンチーズピザ

ピザ生地‥‥‥‥‥‥‥‥‥‥‥‥‥‥‥‥1枚
ピザソース‥‥‥‥‥‥‥‥‥‥‥‥‥‥‥適量
タマネギ・ベーコン・チーズなど‥‥‥‥‥各適量

TACKNeさんのキャンプグッズは彼のインターネット店舗の「True North」で販売している

True North

☎ 042-810-4300　🖥 www.countrybreeze.net

一目でわかる情報満載！
八ヶ岳山麓のキャンプ場完全ガイド

大自然の雄大な景色に抱かれるキャンプ場をはじめ、
爽やかな風とせせらぎが癒しを与えてくれる森林や水辺、
ファミリーや仲間でワイワイ楽しめるアクティビティー充実のキャンプ場、
愛するペットや恋人とゆったり過ごせるグランピング施設まで、
アウトドアの聖地とも言える八ヶ岳には、目的別、ロケーション別など、
さまざまなキャンパーのニーズを満たしてくれるキャンプ場が盛りだくさん。
さらに、便利で見やすいキャンプ場データも掲載した
今後のキャンプ地選びに最適な、八ヶ岳キャンプ場カタログ

いろいろ楽しめる複合キャンプ施設

趣向を凝らしたアクティビティーで注目を集める施設が八ヶ岳エリアには存在する。
日常から離れた優雅な時間を楽しむ施設を紹介

湖畔の
フォレスト
キャビンで
過ごす休日

01 長野／茅野市
HYTTER LODGE & CABINS

ここでしか体験できない唯一無二の時間の過ごし方

　八ヶ岳の麓、標高1,250mにある蓼科湖を望む湖畔に位置する『HYTTER LODGE & CABINS』は、一般に想像するキャンプ場とはひと味もふた味も違う体験ができる場所だ。30年以上続いた老舗温泉旅館の建物とキャンプ場を引き継ぎ、2018年7月にオープン。現在も宿泊できるレイクサイドロッジの1階は、おしゃれなオープン空間にリノベーションし、カフェ＆バーとして居心地のいい場所を提供している。

　HYTTERのキーワードは『キャビンキャンプ』。聞き慣れない言葉だが、テントを張らずにキャビンの中で就寝するキャンプといえばわかるだろうか。レンタルも充実しているので、重たいキャンプグッズを持って行かなくても、手軽に楽しめる。もちろんキャンプに慣れている人は、テント泊も可能。キャビンに囲まれた広い芝生エリアはフリーサイトになっており、大型テントをのびのび張ることもできる。ゆったりとした時間を過ごせるだけでなく、様々なアクティビティで大自然を満喫する楽しみもある。ロッジには温泉、キャンプ場にはサウナ小屋もあり、体も心もリフレッシュできる。

複合キャンプ施設

八ヶ岳の絶景

森林で癒される

水辺で遊べる

ペットと行きたい

アクティビティーで遊べる

グランピングでリッチに

車中泊OK

その他のエリア

CABIN CAMP

より手軽にキャンプを楽しむ
キャビンキャンプという提案

　芝生の広場を囲むように建てられた大小16棟のキャビンに泊まり、BBQや焚き火で楽しい時間が過ごせるキャビンキャンプ。テントを張る手間が省け、室内でゆったり休むことができる。基本は「コット」と呼ばれるアウトドア用簡易ベッドを使用するが、ベッドを導入した部屋も用意されているので、キャンプのスタイルに応じてセレクトしたい。

CAMP DATA	ウォシュレットOK	直火OK	ペットOK	AC電源	売店	管理棟

CHECK IN	キャビン14:00～、ロッジ15:00～　OUT 10:00
開設時期	通年
サイト料金	オートサイト(電源付き):3区画　¥4,950～ フリーサイト:15～20区画　¥4,950～ キャビン:16棟　¥12,650～ ロッジ:1人 ¥11,550～
総サイト数	テント15～20サイト、キャビン16棟
レンタル	テント¥3,100、焚き火台¥1,100など

1.開放的な広場を取り囲むように建つキャビンで、思い思いに時間を過ごす。2.ベッド完備のキャビンもあり、夜もぐっすり眠れる。3.フロントはスタッフ常駐。調理器具、寝具、焚き火台などレンタルも充実していて、手ぶらでもOK。4.場内には子どもが楽しめる遊具も

🏠 長野県茅野市北山8606-7　📞 0266-78-8278
🕐 火曜、水曜、木曜(祝日、オンシーズンは営業)
🚗 中央自動車道諏訪ICから車で約30分

自然体験を
通じて
チーム力を高める

仕事仲間との距離を縮める
ワークプログラム。

　HYTTERで人気を集めるプログラムの一つが、一緒に働く仲間と行う企業ワーケーションだ。火起こしやナイフワーク、旗揚げなどを通じてチーム力を高める『チームビルディング』をはじめ、スキルを磨くためのプロジェクトマネージメント講師のアサイン、オリジナルBBQの提供など、企業のニーズに合わせた団体プランを提供している。

1.青空の下での会議は、アイデアが次々生まれる。2.マッチを使わない火起こしやナイフワークなど、自然体験プログラムも充実。3.1日の終わりはBBQ。地元の食材とクラフトビールで乾杯！

疲れた体を癒してくれる
サウナと天然温泉も完備

　レイクサイドロッジには蓼科三室源泉の天然温泉があり、宿泊者だけでなく日帰り入浴も可能。また、フォレストキャビンには神山隆二氏がペイントしたサウナ小屋があり、薪ストーブで温める本場フィンランド式のサウナが体験できる。現在1グループ2時間の貸切制となっており、仲間や家族と気兼ねなく楽しめる。貸切利用でき、大人10名まで利用が可能。詳細は要問い合わせ。

1.元々あった小屋をリノベーションし、フィンランド式のサウナ小屋に（写真左）。2.熱い石に水をかけて蒸気を発生させるロウリュ式。汗をかいた後は冷水シャワーで整える。3.ロッジには露天風呂もある。お風呂あがりには地元『8peaks』のビールや『YETI GELATO』のジェラートでクールダウン。

朝日射す
芝生広場で
早朝ヨガを

1.開放的な空の下、清冽な空気を胸に吸い込みながら早朝ヨガでリラックス。2.2本のポールを使うノルディック・ウオーキングは、脂肪燃焼効果もあるエクササイズ。3.標高1,250mの高地を走るトレイルランニング。都会では味わえない絶景を見ながら走ることができる

複合キャンプ施設

八ヶ岳の絶景

森林で癒される

水辺で遊べる

ペットと行きたい

アクティビティーで遊べる

グランピングでリッチに

車中泊OK

その他のエリア

ACTIVITY

標高1,250mの自然の中で心身ともにリフレッシュ

蓼科の自然を満喫できるアクティビティーも数多く用意。グリーンシーズンは芝生広場でのヨガをはじめ、絶景ポイントやマイナスイオンを感じられる滝をまわるトレイルランニング、2本のポールを使用して運動効果をさらに高めるノルディックウオーキングなど充実のラインアップ。普段体を動かすことのない方には、ぜひ挑戦してほしいアクティビティーだ。

1.地元の野菜をふんだんに使ったモーニングプレート。(ロッジ宿泊者)2.長野県のクラフトビールやこだわりのワインも用意。3.温泉あがりの楽しみに、ぜひ利用したいロッジ・バー

LODGE

湖畔にあるロッジにはカフェ&バーも併設

老舗温泉旅館のロビーをリノベーションしたレイクサイドロッジは、各種申し込みや休憩といったセンターハウス的な役割とともに、コーヒーやジェラートが楽しめるカフェとして利用が可能。夜になるとバータイムとなりクラフトジンや地元クラフトビール、ワインを用意。朝食は長野県産の素材を中心に、素材の味を生かしたプレートを味わえる。

非日常の、
アウトドア
フィールド

02
長野／茅野市

TINY GARDEN 蓼科

「暮らすように過ごす」新しいリゾート施設がオープン

　白樺や落葉松の林に囲まれた風光明媚な蓼科湖。そんな美しい湖のほとりに、多目的に利用できるリゾートホテルが登場。感度の高い大人に人気のセレクトショップを運営する「アーバンリサーチ」が展開する『TINY GARDEN 蓼科』だ。ここでは「暮らすように過ごす」をテーマにロッジ、キャビン、キャンプの3タイプの客室を備える。レストランでは地元の食材を使った料理を提供。野菜たっぷりの朝食や、手間ひまかけた夕食などどれも美味だ。また都心から約2時間半とアクセスもいいので、ワーケーションに利用する人も多いとか。そんな要望に応えて、「ワークステーション」も併設する。打ち合わせができる広いスペースや個別に仕事ができる場所

複合キャンプ施設

八ヶ岳の絶景

森林で癒される

水辺で遊べる

ペットと行きたい

アクティビティーで遊べる

グランピングでリッチに

車中泊OK

その他のエリア

があり、使い勝手も抜群だ。この環境を気に入って、都心から長期滞在をする人もいるというのも納得できる。さらにここには滞在客にうれしい温泉浴場も備えられている。さらりとした泉質の蓼科温泉は肌に心地よく、体が芯から温まる。遊び疲れた体や仕事で疲れた心をゆっくりと癒すのにはぴったりだ。

CAMP DATA

ウォシュレットOK　直火OK　ペットOK　AC電源　売店　管理棟

CHECK IN	キャビン、ロッジ15:00〜　OUT 10:00
開設時期	通年
サイト料金	¥2,150〜、キャビン¥3,000〜
総サイト数	オートサイト9　フリーサイト5 湖畔オートサイト3
レンタル	テント1日¥5,000、タープ1日¥3,000、 寝袋1日¥1,500、敷きマット1日¥500、 クーラーボックス1日¥500

🏠 長野県茅野市北山8606-1　☎ 0266-67-2234
🏠 不定休　🚗 中央自動車道諏訪ICから車で約30分

オンラインミーティングも安心してできる充実のWi-Fi環境が完備。コワーキングスペースや客室で、快適なワーケーションが楽しめる。

自然に包まれて、ゆったりと仕事をする

　館内は洋室や和室があり、いずれもモノトーンで統一された落ち着きのある空間。また敷地内にはコワーキングスペースがあり、個々での仕事はもちろん、ミーティングや共同作業などあらゆるワーケーションに対応。窓の外に広がる自然を望みつつ行う仕事は普段以上にはかどるに違いない。

遊び、学び、体験、多彩な過ごし方を提案

　自然の中でゆっくりと過ごすのはもちろんのこと、ここでの楽しみは多種多様。そのひとつ、ワークショップでは作品づくりや環境についての講座などが楽しめる。またトレッキングや湖でのカヌー、イーバイク（電動自転車）などのアクティビティーも充実。観光スポットも周辺に点在しており、多様な楽しみ方ができる。

さまざまなワークショップやアクティビティーツアーも行われる。

様々なタイプのキャビンスタイルは、何度でも楽しめる施設だ。

タイプも多種多様、シンプルな宿泊小屋

　キャンプ場を囲むように建つ、24棟のキャビンはすべて一棟貸しスタイル。家具や寝具を配置していないシンプルな部屋や、古材や漆喰を取り入れた自然にやさしい客室、二段ベッドがあり家族や仲間で楽しむのに、ぴったりのキャビンなどタイプもさまざま。目的に合わせて選択できる。

FOOD

地元野菜を使った
絶品料理を味わう

　ロッジにあるレストランで
は地元の食材をふんだんに
盛り込んだ食事が味わえる。
グリルしたサーモンなどメイ
ン料理が選べるディナーは、
前菜やハーフビュッフェもつ
いて食べごたえ十分。モーニ
ングは新鮮な高原野菜をたっ
ぷりと味わえるビュッフェス
タイルで提供。(状況により
プレートでの提供もあり)

1.夕食はメイン料理を3種類から選
び、前菜、スープ、デザートがつく。
サーモンなど、地元の食材を使って
シェフが仕上げる逸品に舌鼓。2.盛
りだくさんのランチも人気。

種類豊富なアイテムや、
キャンプギアも充実

　ファッションメーカー直営の施設
だけあり、ショップにはバラエティー
豊かなアイテムが充実。アウトドア
ファッションをメインに、日常着や
服飾小物などが揃っている。普段
でも使えるおしゃれなキャンプギア
や登山用具もあるので、忘れ物を
してきても安心だ。

FASHION

ショップでは、釣り好きのスタッフが立ち上げたブランド
「LAKE SEEKER'S」のアイテムが並ぶ。

複合キャンプ施設

八ヶ岳の絶景

森林で癒される

水辺で遊べる

ペットと行きたい

アクティビティーで遊べる

グランピングでリッチに

車中泊OK

その他のエリア

八ヶ岳の絶景キャンプ場

標高1,000mを超える八ヶ岳エリアは、大パノラマを望むキャンプ場が点在！
朝靄に煙る南アルプスや、青空に稜線を描く八ヶ岳を眺めつつ至福のキャンプを

03 長野／川上村
五光牧場オートキャンプ場

自由に野営が可能。ワイルド派におすすめのキャンプ場

標高1,300m、爽やかな野辺山高原にあるキャンプ場。約40万㎡の敷地は広大で開放感たっぷり。どの場所からも雄大な八ヶ岳を一望できるのが魅力だ。以前は牧場だった地形を生かし、芝生にも農薬や肥料を一切使わず、まさに自然そのもの。区画は自由に設営OK。鳥のさえずりや降りそそぐような星空、夏は多種多様な昆虫に出合えるなど、豊かな自然を五感で感じつつダイナミックなキャンプが楽しめる。また2カ所ある炊事場の水は、毎分3トンの豊富な湧出量を誇る天然水。清らかで冷たい天然水を使って作るキャンプ料理はまた格別の味わいだ。

地形を
生かした、
眺望抜群の
キャンプ場

SUPERB VIEW

CAMP SITE

複合キャンプ施設

八ヶ岳の絶景

森林で癒される

水辺で遊べる

ペットと行きたい

アクティビティーで遊べる

グランピングでリッチに

車中泊OK

その他のエリア

CAMP DATA	ウォシュレットOK	直火OK	ペットOK	AC電源	売店	管理棟

CHECK IN テント9:00〜	OUT テント11:00

開設時期	4〜10月
サイト料金	¥5,500〜
総サイト数	約500張
レンタル	薪1束¥500、電源¥1,200など

🏠 長野県南佐久郡川上村樋沢1417　☎ 090-3817-6110
🈳 なし　🚗 中央自動車道長坂ICから車で約30分

1.展望台から見える夕日は見るものを魅了する。2.遮るもののない八ヶ岳の大パノラマを望む。3.高原の澄んだ空気の中、夜空にまたたく星を見ながらのんびりとリラックス。4.木立の中に広がるキャンプ場。ペットもOKだ。5.湖畔から見えるトワイライトと一緒に風景を味わうのも一興。

04

山梨／北杜市

新栄清里キャンプ場

澄んだ空気と
最高の
ロケーション

八ヶ岳と富士山を望む、
バリエーション豊かなキャンプ場

標高約1,200m、八ヶ岳山麓に位置するキャンプ場。ソロキャンパー向きの区画から、約330㎡を誇る広々とした区画まで、さまざまなオートキャンプに対応できる。またリーズナブルに利用できるバンガローもあり、家族や大人数のグループに人気。

CAMP DATA

 ウォシュレットOK
 直火OK
 ペットOK
 AC電源
 売店
 管理棟

CHECK IN	13:00～17:00 OUT 11:00
開設時期	4～11月
サイト料金	レギュラーシーズン¥2,750～
総サイト数	全40サイト
レンタル	テント¥3,300～、タープ¥2,200～など

🏠 山梨県北杜市高根町清里3545-238
☎ 0551-48-2514
🅷 火・水曜
🚗 中央自動車道長坂ICから車で約15分

複合キャンプ施設

八ヶ岳の絶景

森林で癒される

水辺で遊べる

ペットと行きたい

アクティビティーで遊べる

グランピングでリッチに

車中泊OK

その他のエリア

SUPERB VIEW

1.定員や車両、テント数に制限があるのでゆったりとキャンプが楽しめる。2.紅葉シーズンには新しい景色と一緒に八ヶ岳や富士山の勇姿を一望できる。3.キャンプには欠かせない、誰でも利用できる炊事場。4.トランポリンやスケートボードができる体育館が利用可能（1グループ30分1230円）5.キャンプ場の周辺には林道があり、四季の風景が楽しめる。

05

山梨／北杜市

篠沢大滝キャンプ場

降り注ぐ
星空の下で
キャンプ!

SUPERB VIEW

南アルプスの大パノラマと、四季の自然を愛でつつキャンプ

　雄大な甲斐駒ヶ岳をはじめとする南アルプスや、八ヶ岳を望む抜群のロケーションが人気。上流には砂防ダム、下流には砂地もあり、夏は水遊びが楽しめる。キャンプサイトは大武川（おおむがわ）沿いの森林と、ドッグラン付きの2カ所。木々に囲まれたバンガローも評判。

CAMP DATA

ウォシュレットOK　直火OK　ペットOK　AC電源　売店　管理棟

CHECK IN	13:00〜、バンガロー14:00〜 OUT 11:00、バンガロー10:00
開設時期	4〜11月
サイト料金	¥6,050（5人用サイト）〜
総サイト数	全40サイト
レンタル	テント¥6,050〜、 タープ¥3,850など

🏠 山梨県北杜市白州町大坊1181
☎ 0551-35-3131
休 なし
🚗 中央自動車道須玉ICから車で約20分

CAMP SITE

複合キャンプ施設

八ヶ岳の絶景

森林で癒される

水辺で遊べる

ペットと行きたい

アクティビティーで遊べる

グランピングでリッチに

車中泊OK

その他のエリア

1.星空はバンガローからと、第1サイトは駐車場、第2サイトはドッグランからの眺めがおすすめ。2.森林に囲まれた第1サイト。大武川での川遊びも気軽に楽しめる。3.バンガローには電源が完備、テラスにはテーブル席もある。

06

山梨／北杜市

清里丘の公園オートキャンプ場

CAMP SITE

自然と融合した
アトラクションを
楽しむ

SUPERB VIEW

複合キャンプ施設

八ヶ岳の絶景

森林で癒される

水辺で遊べる

ペットと行きたい

アクティビティーで遊べる

グランピングでリッチに

車中泊OK

その他のエリア

1.自家用車が乗り付けられるオートキャンプ場はいろいろなバリエーションのキャンプが楽しめる。2.緑豊かな木々に囲まれて、自然あふれるキャンプサイト。3.4.夜になるとプロジェクトマッピングが不定期に開催される。大人1,200円、子供700円で幻想的な世界が楽しめる。5.雨天でも遊べるプールは子どもたちに人気だ。6.キャンプ場から徒歩圏内で温泉に行けるのもうれしい。

多彩な施設が揃う、リゾート型のキャンプ場

「水と森のテーマパーク」がキャッチフレーズの清里丘の公園内にあるキャンプ場。標高1,200mに広がる公園は夏でも涼しく、緑あふれる森に囲まれてキャンプが満喫できる。場内には屋根付きのバーベキュー場や、Wi-Fi完備のグランピング施設もある。周辺には温泉施設やゴルフ場なども点在し、アクティビティも充実。チェックイン前や後も公園で遊べるのでファミリーキャンパーに人気。

売店やレンタルショップなどが設営されている管理棟。10時から18時まで開放されている。

CAMP DATA

ウォシュレットOK　直火OK　ペットOK　AC電源　売店　管理棟

CHECK IN	13:00〜17:00　　OUT 11:00
開設時期	3/1〜1/3
サイト料金	日帰り¥1,500〜、オートキャンプ¥3,000〜、電源付き¥3,550〜、キャビン¥7,000〜 ※基本料金の他に宿泊人数分の加算金が請求されます。(1人500円)　※詳しくはHPをご確認ください
総サイト数	全55サイト
レンタル	テント、焚き火台

🏠 山梨県北杜市高根町清里3545-5　📞 0551-48-2300
❌ 火曜　🚗 中央自動車道長坂ICから車で約15分

森林で癒される
キャンプ場

あたり一面の森に囲まれて、自分流キャンプを楽しむ。
都会にはない優雅さを感じながら癒されよう

清潔感抜群!
居心地重視の
キャンプ場

07 山梨／北杜市
The Camp & Garden AMANAYU

キャンパーたちがつながる
手作り感あふれるキャンプ場

　オーナーがひとりで切り拓いた森の中に、アメリカから輸入したビンテージのエアストリームとテントサイトが存在。プライベートな庭に招かれたような気持ちで自分らしいアウトドアを楽しめる。程よい距離感が人気で、同じ日に宿泊したキャンパーの輪が自然とつながっていくという魅力も。宣伝せずとも評判が評判を呼ぶ、リピーターの多い施設だ。

CAMP DATA

 ウォシュレットOK 直火OK ペットOK AC電源 売店 管理棟

CHECK	IN 14:00　OUT 12:00
開設時期	通年
サイト料金	¥5,000～、エアストリームは¥30,000～
総サイト数	テントサイト14、トレーラー2
レンタル	なし

🈺 不定休
🚗 中央自動車道須玉ICから車で約15分

1.1年以上乾燥させた拘りの薪を販売中。2.3.水場やシャワールームなどの共用場所は、思わず写真におさめたくなるような、センスのある小物で飾られている。

FOOD

LOCATION

AIR STREAM

4.北杜市の新鮮な食材でキャンプ飯を楽しもう。5.近くを流れる石空川のせせらぎの音も聞こえる。6.エアストリーム室内には、ベッドに加え冷蔵庫、シャワー、トイレも完備でキャンプ初心者にも安心。

複合キャンプ施設

八ヶ岳の絶景

森林で癒される

水辺で遊べる

ペットと行きたい

アクティビティーで遊べる

グランピングでリッチに

車中泊OK

その他のエリア

オートリゾートパーク・ビッグランド

四季の訪れを
感じさせる
森林の風景

**FOREST
CAMP**

森林に囲まれて涼しく
四季折々の自然が味わえる

　甲斐駒ヶ岳の麓「名水の里」内にあり、年間通して涼しい気候で過ごすことができる。春には新緑、秋には紅葉など、いつ訪れても美しい自然の姿に出合える。テントのほかログキャビンやトレーラーハウスもあるので、人数やシーンに応じて使いわけよう。

CAMP DATA

 ウォシュレットOK　 直火OK　ペットOK　AC電源　売店　 管理棟

CHECK	IN 13:00（トレーラーハウスのみ14:00） OUT 11:00（トレーラーハウスのみ10:30）
開設時期	3月20日〜12月
サイト料金	￥3,300〜
総サイト数	60
レンタル	テント、タープ、シュラフ、 キッチン用品、遊具など

🏠 山梨県北杜市白州町大坊1131
☎ 0551-35-4518　🉀 無休
🚗 中央自動車道須玉ICから車で約20分

複合キャンプ施設

八ヶ岳の絶景

森林で癒される

水辺で遊べる

ペットと行きたい

アクティビティーで遊べる

グランピングでリッチに

車中泊OK

その他のエリア

1.平坦な砂地のサイトで水はけもよく、テントの設営にも最適。2.星空観察会なども行われる。3.涼しい気候で過ごしやすい。4.5.近くで川遊びも楽しめる。6.広々としたトレーラーハウスは快適な空間だ。

09
山梨／北杜市
南アルプス三景園 オートキャンプ場

FOREST CAMP

木漏れ日が降り注ぐキャンプ場の風景。新鮮な空気と緑の豊かさが都会の喧騒を忘れさせてくれる。

南アルプスの魅力が詰まった大自然に溶け込むサイト

自然をそのまま生かすかたちで切り開いた6つのエリアからなり、場所ごとに異なる持ち味があるのが魅力。手入れの行き届いた場内施設には「100年続くキャンプ場を」というオーナーの心遣いが感じられ、多くのリピーターから愛されている。

おだやかな
日差しの中で
景色を楽しむ

複合キャンプ施設

八ヶ岳の絶景

森林で癒される

水辺で遊べる

ペットと行きたい

アクティビティーで遊べる

グランピングでリッチに

車中泊OK

その他のエリア

CAMP DATA

 ウォシュレット OK 直火OK ペットOK AC電源 売店 管理棟

CHECK	IN 13:00 OUT 11:00 デイキャンプ 11:00～17:00
開設時期	3月～未定
サイト料金	オートキャンプ ¥6,050～ 詳しくはホームページをご確認ください。
総サイト数	35～40区画
レンタル	要事前相談

⊕ 山梨県北杜市武川町柳沢烏帽子3601-1
☎ 0551-26-2882　休 火曜　🚗 中央自動車道須玉ICから約30分

到着したらまずは管理棟へ。売店やシャワールームも備え付けられており、束の間の休息をとることができる。

10

長野／諏訪市

霧ヶ峰キャンプ場

FOREST CAMP

広い高原で
大空の絶景を
独り占め

標高1,600mの高原で
夏でも快適に過ごせる

　およそ100張ものテントを張ることができる高原のキャンプ場。広々として騒音もなく静かに過ごせる。施設の周辺には散策コースがあり、体力に合わせて選べるのもうれしい。夜は冷え込むので夏でもブランケットなどがあると安心だ。

1.テント場。場所は自由に選べる。2.屋根がついた炊事場。雨天の時でも炊事ができるから安心だ。3.管理センター。受付やレンタルはこちらで。

CAMP DATA

ウォシュレットOK　直火OK　ペットOK　AC電源　売店　管理棟

CHECK IN	13:00～翌12:00（キャンプ場使用時間）※管理センター受付時間 9:00～17:00
開設時期	7月上旬～8月、9月の土・日曜、祝日（詳しくは諏訪市HP参照）
サイト料金	フリーサイト　テント1張¥730～
総サイト数	約100張
レンタル	パネル（すのこ）、敷ゴザ

🏠 長野県諏訪市大字上諏訪13338-1（霧ヶ峰強清水）　☎ 0266-52-2833（現地事務所 開場期間中）、0266-52-4141（諏訪市観光課 開場期間外）
🏕 開場期間中は無休
🚗 中央自動車道 諏訪ICから車で約40分

11

山梨／北杜市

ウッドペッカーキャンプ場

人目を
気にせず
自然に溶け込む

自然豊かな里山で家族でオートキャンプ

　家族で手軽にオートキャンプを楽しみたいならここへ。テント以外のキャンプギアが現地でレンタルでき、豊かな自然の中でのんびりと過ごすことができる。散策コースではインストラクターによる草花・野鳥観察もあり、自然について学べるのも魅力。レストランや温泉施設、体験工房などの周辺施設も充実しており、子どもから大人までさまざまな体験を楽しめる。

木漏れ日の中で涼しいキャンプを楽しめる。

CAMP DATA ウォシュレットOK 直火OK ペットOK AC電源 売店 管理棟

CHECK	IN 12:00　OUT 13:00 ※但し、連休・夏休みはIN:14:00 OUT:11:00	
開設時期	4/24〜11/23	
サイト料金	¥3,900	総サイト数　45区画
レンタル	テーブル、チェア、調理器具、焚き火台、BBQグリル、タープ、ダッチオーブン、スモーク缶など	

🏠 山梨県北杜市須玉町上津金2449-5　☎ 0551-46-2450
🕐 不定休（予約制）　🚗 中央自動車道・須玉（長坂）ICから車で約20分

12

長野／富士見町

富士見町町民広場キャンプ場

素朴な
自然の美しさを
感じられる

川遊びも星空観察もでき、静かな自然に浸れる

　広大な運動公園内にある昔ながらのキャンプ場。静かな自然に囲まれた中での自然散策や、夜には星空観測などが楽しめる。清流の立場川（たつばがわ）が近くに流れており、川で遊ぶことができる。炊事棟やかまどもあるのでバーベキュー初心者にも安心。事前に予約すれば有料でテニスコートやマレットゴルフ場、管理棟となる体育館も利用できる。

第1キャンプ場は、テントを張りやすい平坦な土地。30張ものスペースがある。

CAMP DATA ウォシュレットOK 直火OK ペットOK AC電源 売店 管理棟

CHECK IN	管理棟開館時間　8:30〜21:30
開設時期	4/29〜11/30
サイト料金	フリーサイト　テント1張1泊　¥1,070
総サイト数	第1キャンプ場30張、第2キャンプ場5張
レンタル	なし

🏠 長野県諏訪郡富士見町乙事1000　☎ 0266-62-5506
🕐 月曜（祝日の場合は翌日）
🚗 JR中央本線富士見町駅から車で約7分

水辺で遊べるキャンプ場

全国的に見ても多くの名水地が点在する八ヶ岳エリア。
暑い季節にぴったりな水辺のアウトドアを楽しもう

RIVER

山&川遊びを
満喫する
ベースキャンプ

13

山梨／北杜市

べるが尾白の森キャンプ場

家族で一日中遊べる
広大な野外フィールド！

　東京ドーム7個分もの広さを誇る、白州・尾白の森名水公園『べるが』内のファミリー用キャンプサイト。電源付きのオートサイトや森の地形をそのまま生かしたフリーサイト、キャンプ用品一式が揃った常設テントサイト、ペット可のドッグランサイトなど37サイトがあるほか、バルコニー付きの木造バンガローも20棟備える。隣接する天然温泉「尾白の湯」や名水の流れる尾白川、園内の散策路など全てが徒歩圏内で、南アルプスの森と水を堪能できる。

1.日本有数の名水地としても知られる尾白川で気軽に川遊びを楽しめる。2.キャンプ・バーベキュー用品のほとんどがレンタル可能。3.暖かな陽光が差し込むオートサイトでアウトドア体験ができる。4.子どもが楽しめるさまざまなアクティビティーがあるのも魅力。4.天然温泉「尾白の湯」は濁った泉質が特徴。絶景の露天風呂で身も心も癒されよう。

AUTO SITE

CAMP DATA　ウォシュレットOK　直火OK　ペットOK　AC電源　売店　管理棟

CHECK IN	13:00　OUT 11:00
開設時期	通年
サイト料金	オートサイト¥5,000〜、バンガロー¥8,500〜、フリーサイト¥4,500〜
総サイト数	オートサイト52、バンガロー20、フリーサイト8
レンタル	キャンプ・バーベキュー用品一式

🏠 山梨県北杜市白州町8093-9　☎ 080-4074-2962
🈺 水曜
🚗 中央自動車道須玉ICから車で約20分

043

長野／富士見町

立場川キャンプ場

RIVER

大自然と
川のせせらぎの
贅沢な
時間

キャンプ場のすぐ脇を
流れる清流・立場川の
せせらぎがBGM。

複合キャンプ施設

八ヶ岳の絶景

森林で癒される

水辺で遊べる

ペットと行きたい

アクティビティーで遊べる

グランピングでリッチに

車中泊OK

その他のエリア

木立と川音に包まれ
豊かな自然を体感できる

　八ヶ岳の麓を流れる立場川沿いの林間地にあるフリーサイトのキャンプ場。予約なしで利用できるうえ、直火でのバーベキューや川遊びなどが楽しめるためファミリーにも大人気。真夏でも涼やかな木立の中で、大自然に癒される、とっておきの時間を楽しんで。

CAMP DATA	ウォシュレットOK	直火OK	ペットOK	AC電源	売店	管理棟

開設時期	4月下旬〜10月下旬
サイト料金	フリーサイト1人1泊¥1,200、1泊2日¥1,800、デイキャンプ1人1日¥600
レンタル	なし

🏠 長野県諏訪郡富士見町立沢1-6
☎ 0266-66-3228　🏖 無休
🚗 中央自動車道諏訪南ICから車で約15分

CAMP SITE

1.木々に囲まれているため、ハンモックを利用するには最適。2.3.標高1,300mの高台にあるため、真夏でも涼やかで快適に過ごせる。

15 山梨／北杜市
尾白川リゾートオートキャンプ場

緩やかな川で水遊び
木漏れ陽差し込むキャンプ場

　清流・尾白川で水遊びが楽しめる、アットホームなオートキャンプ場。テントの隣に車を乗り入れることができ、子どもがいても荷物移動が楽に。静かな木立の中にあるので暑すぎず、のどかな木漏れ陽の中で自然と触れ合うことができる。

CAMP DATA

ウォシュレットOK　直火OK　ペットOK　AC電源　売店　管理棟

CHECK	IN 13:00　OUT 11:00
開設時期	4月上旬〜11月下旬
サイト料金	要問い合わせ
総サイト数	30
レンタル	キャンプ用品、寝具、バーベキュー用品、調理器具など

🏠 山梨県北杜市白州町白須2182-1
☎ 0551-35-4410
🈑 無休
🚗 中央自動車道須玉ICから車で約20分

複合キャンプ施設

八ヶ岳の絶景

森林で癒される

水辺で遊べる

ペットと行きたい

アクティビティーで遊べる

グランピングでリッチに

車中泊OK

その他のエリア

RIVER

きれいな川で
ビーチのように
遊ぶ

1.滝のように流れる川に、水遊び好きな子どもは大興奮！2.広々と使用することもできるオートサイト。3.浅瀬では子どもを見守りながら過ごせる。川辺にテントを設営すれば、涼しげな水のせせらぎも聞こえる。4.テントサウナを体験でき、爽快な気分を味わえる（レンタル1日2万円）。5.魚が見えるほど澄み切った尾白川で遊ぼう。

16 山梨／韮崎市

青木鉱泉小武川キャンプ場

迫力の滝の音とともに大自然を肌で感じる

鳳凰三山（地蔵ヶ岳、観音ヶ岳、薬師ヶ岳）を巡る登山コースの入口に建つ一軒宿『青木鉱泉』に併設されているキャンプ場。炊事場とトイレだけというシンプルな設備ながら、サイト区画は広く整備されているため快適に過ごせる。昼間は森林浴、夜には焚き火の炎に癒される、上質な大人の時間が楽しめるキャンプ場だ。

1.キャンプ場から徒歩90分ほどの場所にある南精進ヶ滝は、水量も多く迫力満点。2.施設内は、樹林に囲まれた野趣あふれる静かな空間。3.宿にある温泉を1,000円で日帰り入浴ができる。泉質は弱酸性の含鉄泉。

CAMP DATA

ウォシュレットOK　直火OK　ペットOK　AC電源　売店　管理棟

CHECK IN	OUT フリー
開設時期	4月下旬〜11月中旬
サイト料金	テント専用サイト1人¥650、駐車料（普通車）¥750
総サイト数	テント専用サイト100
レンタル	なし

🏠 山梨県韮崎市清哲町青木3350
☎ 070-4174-1425
🚫 不定休
🚗 中央自動車道韮崎IC下車から車で約40分

WATERFALL

大迫力の滝の流れがすぐ近くに

1

2

複合キャンプ施設

八ヶ岳の絶景

森林で癒される

水辺で遊べる

ペットと行きたい

アクティビティーで遊べる

グランピングでリッチに

車中泊OK

その他のエリア

きれいな水の
キャンプ場で
体を動かそう

17

山梨／北杜市

フレンドパークむかわ
オートキャンプ場

充実の施設で
ファミリーに大人気

標高650m、南アルプス甲斐駒ヶ岳の懐に広がるキャンプ場。オートキャンプ場と林間キャンプ場には、ACや水道付きのサイトが多数用意され、快適なアウトドアライフが楽しめる。川遊びや釣り、アスレチックなど、大人も子どもも一緒に遊べる施設が大充実。

1.施設内を流れる小川では、川遊びや魚のつかみ取りが楽しめる。2.甲斐駒ヶ岳を背景にした晴天時の絶景は見事。屋根付きのBBQサイトもある。3.1区画は約100㎡と広々。車の乗り入れもでき、使い勝手のよさも満点。4.アスレチックもあり、子どもたちに人気の施設だ。

CAMP DATA

 ウォシュレットOK 直火OK ペットOK AC電源 売店 管理棟

CHECK	IN 13:00　OUT　11:00 デイキャンプ　10:00〜16:00
開設時期	4〜11月
サイト料金	オートサイト¥5,500〜
総サイト数	オートサイト100棟
レンタル	テント、テーブル、チェア、焚き火台

🏠 山梨県北杜市武川町柳沢3506-1　☎ 0551-26-3381
🈺 火曜　🚗 中央自動車道須玉ICから車で約20分

18 山梨／北杜市

Foresters Village Kobitto
南アルプスキャンプフィールド

テントも
ログキャビンも
楽しめる

テントサイトはゆったり広々

　地蔵ヶ岳を源とする清流・石空川のせせらぎと四季折々に変化する豊かな自然の中で、ゆったりと過ごせるファミリー向けのキャンプ場。1万3,000坪もの広大な敷地には、テントサイトと使い勝手の良い4タイプのログキャビンがあり、利用できるのは1日最大38組までという贅沢なつくり。また、清潔で使い勝手のよさにこだわったサニタリー棟も評判が高い。管理棟周辺には、遊具を揃えた「あそぼっと」と漫画や絵本を読んだりできる「やすもっと」があり、天候を気にすることなく、子供たちの笑顔が見られる。

RIVER

1.どのサイトからも概ね川の風景が見られる。2.真夏には透き通る川での水遊びを満喫したい。3.ログキャビンの中は清潔で、快適に過ごせる。4.テントサイトは広くてゆったりと使えてプライベート感がある。

CAMP DATA

ウォシュレットOK　直火OK　ペットOK　AC電源　売店　管理棟

CHECK	IN　14:00〜18:00 OUT　テントサイト9:00〜12:00、 キャビン9:00〜11:00
開設時期	3/20〜1/3
サイト料金	オートサイト¥3,850〜、キャビン¥1万4,300〜
総サイト数	オートサイト32棟、キャビン6棟
レンタル	テント、タープ、テーブル、チェア、焚き火台、調理器具、ランタン、バーベキューコンロ

🏠 山梨県北杜市武川町柳沢3802　☎ 0551-45-6729
🈺 レギュラーシーズン中の水曜（火曜はチェックアウトのみ）、不定休あり　🚗 中央自動車道須玉ICから車で約25分

19

長野／茅野市

蓼の花キャンプ場

RIVER

晴れた日には
湖のほとりを
ゆったり散歩

湖の美景を楽しみ
温泉でリラックス

　蓼科湖の湖畔に位置する。見晴らしの
いい「湖畔サイト」と子ども連れも安心
な「ゆったりサイト」からなり、テニスや
ゴルフ、ハイキングなど周辺のアクティビ
ティーを楽しむ拠点としてもぴったり。併
設の温泉施設では、武田信玄の隠し湯と
して知られる温泉を堪能できる。

1.4.四季折々に変化する湖の風景が訪れる人を魅了。
2.ロケーションも抜群の湖畔サイト。3.水場などにも
近いゆったりサイト。5.温泉をたたえた内湯は、大きな
窓越しに庭を眺めることができ、開放感いっぱい。

CAMP DATA	ウォシュレットOK	直火OK	ペットOK	AC電源	売店	管理棟

CHECK	IN13:00〜20:00　OUT12:00
開設時期	通年
サイト料金	オートキャンプ（2名利用、駐車料金含む）¥4,500〜、追加料金大人¥2,200、子ども¥1,100、幼児¥550、デイキャンプ6歳以上¥1,000、3〜5歳¥500
総サイト数	13棟
レンタル	無

🏠 長野県茅野市北山蓼科湖畔8606-2
☎ 0266-67-2078　🅰 不定休
🚗 中央自動車道諏訪ICから車で約35分

複合キャンプ施設

八ヶ岳の絶景

森林で癒される

水辺で遊べる

ペットと行きたい

アクティビティーで遊べる

グランピングでリッチに

車中泊OK

その他のエリア

テントサイルで空中野営

テントが宙に浮いた！ イギリス発の新感覚テントがもたらす
ユニークでエキサイティングな新しいキャンプのかたちで
八ヶ岳の大自然を360度ぐるりと満喫！

HOW TO

軽量かつコンパクトで設営も簡単！

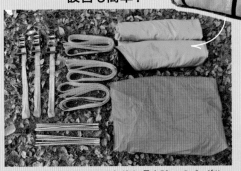

テントサイルのパーツはこれだけ。長さ50cmのバッグひとつにすべてが収まり、持ち運びもラクラク。設営手順もシンプルで、所要時間も15分程度。力もそれほど要らず、コツさえつかめば女性一人でも設営できる。

① 正三角形に近い位置にある立木を3本選ぶ。間隔は8〜10mぐらいがちょうどよい。

② テント本体を広げ、各頂点にあるDリングにラチェットストラップを取り付ける。

③ ロープの一端を木に固定する。幹に1周巻きつけ、端のフープに反対側の端を通すだけ。

④ ロープのもう一端をラチェットストラップに通す。ロープを巻き取って、テントを張る。

⑤ ルーフの端にあるスリーブからポールを通し、ルーフを立てる。ポールは2本。

⑥ フライシートをかける。付属のフライシートはカラーバリエーションが11種と豊富だ。

"空中テント"という新たな視点 快適で便利なキャンプギア

イギリス生まれの空中に浮かぶテント『テントサイル』に注目が集まっている。丈夫な3本の立木を確保できれば、ハンモックの要領でこれまで不可能だった水の上や足場の悪い傾斜地、冬場の寒冷地などの上にも拠点を設けることができる。側面部に丸い開口部があるほか、テントの床面にも中央部にファスナー式の開口部があり、出入りもラクラク。別売のナイロン製のはしごがあれば、上り下りも安心だ。テント上部はメッシュ素材で、寝転ぶと外の自然にそのまま包まれているような感覚に。満天の星を見ながら眠りについたり、風の吹くままテントに揺られたりと、このうえない贅沢を感じられる。快適で便利な空中キャンプを楽しもう。

あるとうれしいオプショングッズ

夜間キャンプに欠かせないランタンはもちろん、別売のドリンクホルダーを使えばタンブラーも固定できる。室内でも揺れを気にせず好みのドリンクを味わえる。

ペットと行きたいキャンプ場

せっかく大自然に出かけるのなら、愛犬も一緒に連れて行きたいもの。
雄大な敷地で思い切り走り回れば、愛犬も楽しめること間違いなし

20

山梨／北杜市

PAWS GROUND

大自然の中で
ペットと
キャンプ

COTTAGE

ハンティングキャンプの
世界観で愛犬と楽しむ

　標高800mの高原にある、1日2組限定の小さなキャンプ場。北米のHunting Campをモデルにしたグランピング施設で、ペットと一緒に宿泊できる。テント内にはベッド4台を備えているほか、キッチン、風呂、シャワー、トイレまで完備しているので、キャンプ初心者でも安心だ。

CAMP DATA

| ウォシュレットOK | 直火OK | ペットOK | AC電源 | 売店 | 管理棟 |

CHECK IN	13:00　OUT 10:00
開設時期	通年
サイト料金	￥22,000(税別)
総サイト数	2
レンタル	なし

🏠 山梨県北杜市小渕沢町5419-5
☎ 080-6523-0007　🏖 無休
🚗 中央自動車道小渕沢ICから車で約5分

ノーリードで野原を駆ける
自由な愛犬の姿に感激

　250㎡の広々とした区画内は牧柵で囲まれていて、ノーリードで自由に遊べる。ペットと一緒に思う存分野原で駆け回るという願いが叶う。動物の種類に制限はなく、2頭まで宿泊可能だ。

1.タープで日陰もできるので、暑さに敏感な愛犬もゆっくり過ごせる。2.のんびりとした静かな風景が最高だ。3.キッチンも完備しており、コップやフォークなどの食器類もレンタル可能。4.限定2区画なので落ち着いて過ごせる

DOGRUN

21

山梨／北杜市

Camp Inn 清里 GRANDEUR

ペットと一緒に
グランピング！

COTTAGE

1

DOGRUN

2

周辺施設も充実！
看板犬との触れ合いも

　敷地内には専用ドッグランを
備えているほか、宿周辺にもアジ
リティー付きドッグランや散歩
コースなど、ペット同伴で入場で
きる施設が多い。セラピードッグ
の訓練を受けた看板犬のロミオ
とルイとも触れ合える。

ペンション併設なので
安心してペットと過ごせる

「ペットと共存」をテーマに、犬、猫、小動物と宿泊できる施設。敷地内には2〜4名用のグランピングサイトを2棟備え、冷暖房、キッチン、バストイレ完備の快適なトレーラーハウスもある。ペットと一緒に焚き火やBBQも楽しめ、犬と一緒に参加できるイベントの企画も行っている。

1.愛犬と一緒に快適なグランピングサイトで過ごせる。2.看板犬の2頭がお出迎え。3.食材付きのバーベキューセットも完備。何かと荷物の多いペット連れのキャンプで手軽に始められるのはうれしい。4.レストラン棟では地ビールなども味わえる。5.夜には焚き火を囲んで静かなひとときを。

複合キャンプ施設

八ヶ岳の絶景

森林で癒される

水辺で遊べる

ペットと行きたい

アクティビティーで遊べる

グランピングでリッチに

車中泊OK

その他のエリア

CAMP DATA

 ウォシュレットOK 直火OK ペットOK AC電源 売店 管理棟

CHECK IN	15:00〜　　OUT 10:00
開設時期	4月〜11月
サイト料金	¥22,000〜
総サイト数	3
レンタル	BBQセット

🏠 山梨県北杜市高根町清里3611　☎ 0551-48-4187
🏠 無休　🚗 中央自動車道長坂ICから車で約20分

アクティビティーで遊べるキャンプ場

キャンプの醍醐味といえば、自然豊かな中でのアクティビティー。
それぞれの施設が趣向を凝らした遊びや体験を提供する

ACTIVITY

白樺の木立に
囲まれた
森のキャンプ
体験

1

22 山梨／北杜市

みずがき山 森の農園キャンプ場

星降る大自然の中
農業体験キャンプを楽しむ

　北杜市の秩父多摩甲斐国立公園の中にある、キャンプや農業体験ができる施設。美しい白樺の原生林の中に、8種類70サイトのテントエリアと最大8名まで宿泊できる雰囲気満点のバンガローが11棟ある。テントエリアは、バンガローと隣接したサイトやグループ利用向けのサイト、バイク旅や一人旅用の山岳テントが張れるサイトなど、用途によって選べる。24時間使えるコインシャワーや貸切家族風呂、温水が使える清潔な水場などを備えているので、子ども連れでも安心だ。自社農園の無農薬野菜の収穫体験も人気。

CAMP DATA

 ウォシュレットOK 直火OK ペットOK AC電源 売店 管理棟

CHECK IN	13:00〜　OUT 11:00
開設時期	4月下旬〜11月上旬
サイト料金	区画料金￥2,000〜、大人1人￥800〜、子ども1人￥500〜
総サイト数	70張
レンタル	ハンモック、寝袋、ダッチオーブンなど

🏠 山梨県北杜市須玉町小尾8862-1
🕐 冬季休業
🚗 中央自動車道須玉ICから車で約30分
予約は全てネットからとなります。
https://mizugakiyama.com

SUPERB VIEW

BUNGALOW

ACTIVITY

GOEMON-BURO

LOCATION

プラネタリウムのような星空に感動

1.豊かな森だけでなく食に関するアクティビティーも充実。2.美しい白樺の原生林が生い茂る景色は絶景だ。3.バンガローのほか、オートキャンプもできる。4.無農薬野菜の収穫体験も人気。5.五右衛門風呂で汗を流そう。

複合キャンプ施設

八ヶ岳の絶景

森林で癒される

水辺で遊べる

ペットと行きたい

アクティビティーで遊べる

グランピングでリッチに

車中泊OK

その他のエリア

23 山梨／北杜市

PICA 八ヶ岳明野

CAMP SITE

大人も子どもも
大満足な
キャンプ
リゾート

ACTIVITY

テントもコテージ泊も好みのアウトドアを

　テントや食材を持ち込んだ本格的なソロキャンプから、豊富なレンタル品を使用した気軽なコテージ泊、ゆったりとした大人のレジャーにぴったりなトレーラーハウスキャンプまで、目的や好み、レベルに合わせたアウトドア体験ができる。パン作りや薫製作りなどの体験もできるほか、広々とした敷地にはドッグランやパークゴルフなどもあり、アクティビティーも充実。センターハウスにはコインランドリーやシャワールームも完備されており、女性にもうれしいキャンプ場だ。

1.子どものキャンプデビューを応援してくれるプログラムも。2.パターゴルフやぬりえなど、イベントも楽しめる。オプションでバーベキュー食材のセットも。センターハウスには売店などもある。3.自分らしいキャンプが実現できる。4.夜の景色も幻想的。5.広々としたサイトに開放感溢れる景色が広がる

CAMP DATA　ウォシュレットOK　直火OK　ペットOK　AC電源　売店　管理棟

CHECK IN	13:00　OUT 10:00
開設時期	通年（一部冬季クローズあり）
サイト料金	オートサイト　¥3,000〜 フリーサイト　¥1,000〜
総サイト数	オートサイト52区画、 フリーサイト17棟
レンタル	ドームテント、BBQ、焚き火など

🏠 山梨県北杜市明野町浅尾5260-5
☎ 0555-30-4580（PICAヘルプデスク）　休 火・水曜
🚗 中央自動車道韮崎ICから車で約20分

複合キャンプ施設

八ヶ岳の絶景

森林で癒される

水辺で遊べる

ペットと行きたい

アクティビティーで遊べる

グランピングでリッチに

車中泊OK

その他のエリア

24 山梨／北杜市
清里中央オートキャンプ場

涼しくて
テントの中も
快適!

ハンモックや木の遊具など
子どもが楽しめる施設

　標高1,100mもの涼しい高原でのびのびと
キャンプができる。レンタルのハンモックや木の遊
具、ピザやパン作りにマウンテンバイクでの散策
など、子どもが楽しめるアクティビティーが満載。
夜は満天の星に癒されよう。

1

CAMP DATA

ウォシュレット　直火OK　ペットOK　AC電源　売店　管理棟
OK

CHECK	IN 14:00　OUT 12:00（ログ、トレーラーハウスは11:00）
開設時期	3月〜翌年1月3日チェックアウト
サイト料金	¥4,180〜
総サイト数	100　ログキャビン　18　トレーラーハウス 5
レンタル	ドーム型テント、タープ、テーブル、電気毛布、ハンモックなど

🏠 山梨県北杜市高根町大字浅川字水頭152-1
☎ 080-3699-2891　🚫 1月〜3月
🚗 中央自動車道長坂IC、須玉ICから車でそれぞれ約35分

ACTIVITY

1.ハンモックは持ち込みもOK。風に揺られながら過ごす時間は格別だ。2.3.思わず夢中になってしまう遊具がいっぱい。体を動かして遊ぼう。

SUPERB VIEW

開けた場所にあるキャンプ場からは、雄大な八ヶ岳を一望できる。

DOGRUN

広々としたドッグランも常設。爽やかな高原で愛犬をめいっぱい遊ばせよう。

複合キャンプ施設

八ヶ岳の絶景

森林で癒される

水辺で遊べる

ペットと行きたい

アクティビティーで遊べる

グランピングでリッチに

車中泊OK

その他のエリア

アクティビティーを楽しみながら地元の食材が持ち帰れる

八ヶ岳エリアには、年間を通して山や川の幸が豊富。
自分で食材を調達しながら、ワイルドなキャンプを味わおう

25 山梨／北杜市

フィッシングエリア やま里

1.良好な水質の釣り堀に美しいニジマスが泳ぐ。デートや子ども連れのレジャーにもおすすめだ。2.3.一棟貸し切りのバーベキューハウスでは、釣った魚を塩焼きにすることもできる。手ぶらでBBQプランは要予約、持ち込みBBQは当日受付もOK

4.ワイン用の葡萄粕を餌に加え育てた「甲州ワイン鱒」も購入できる。5.スタッフがレクチャーしてくれるので初心者でも楽しめる。6.ニジマスのつかみ取りは水に濡れてもいい服装で楽しもう。7.程よい塩気が食欲をそそる。釣りは予約不要で楽しめるので気軽に訪れよう。ニジマスは生のまま串に刺して持ち帰ることもできる

🏠 山梨県北杜市小淵沢町3866
☎ 0551-36-2830
🕐 水曜（春休み、GW、夏休みは無休）
🚗 中央自動車道小淵沢ICから車で約3分

釣りたての魚を味わう
バーベキューも楽しめる釣り堀

　八ヶ岳南麓の清らかな湧水池でニジマス釣りを体験できる、『小淵沢アート＆ウェルネス』内にある施設。釣った魚はテイクアウトできるほか、場内に2箇所あるセルフ塩焼き台で塩焼きにしていただくことも可能。1時間釣り放題なので、存分に食材を調達することができる。専用窯でのピザ焼き体験などもでき、魚釣り以外のアクティビティーが楽しめるのもポイント。小さな子ども連れのファミリーでも、大人数のグループでも、幅広い年齢層で一日中楽しめる施設だ。

グランピングでリッチに過ごすキャンプ場

気軽にアウトドアを楽しみたいならグランピングがおすすめ。
道具がなくても身体ひとつで堪能できる、リッチなキャンプを紹介

26

山梨／北杜市

FLORA Campsite in the Natural Garden

スタッフが丁寧にレクチャーしてくれる初心者にやさしい施設

タープが常設されたテントサイトには、調理器具から火おこしの道具まで完備。ダッチオーブンや燻製器、木の組み方などをスタッフが丁寧に教えてくれるので、女性同士のアウトドアでも安心。ボルダリングやアスレチックのほか、ストライダーと言われる小さい自転車などの貸し出しも。車で10分圏内には道の駅やスーパーマーケットなどもあり、食材の調達にも便利。近くの日向山や尾白川渓谷でトレッキングをしてから、のんびりチェックインするのもおすすめ。

美しい景色に
溶け込むような
グランピング
サイト

複合キャンプ施設

八ヶ岳の絶景

森林で癒される

水辺で遊べる

ペットと行きたい

アクティビティーで遊べる

グランピングでリッチに

車中泊OK

その他のエリア

GLAMPING

異なる広さのテントが用意され
ている。誕生日会やパーティー
などにも使い勝手は抜群だ。

CAMP DATA

 ウォシュレットOK 直火OK ペットOK AC電源 売店 管理棟

CHECK	IN 15:00〜17:00 OUT 11:00
開設時期	通年
サイト料金	¥19,800〜
総サイト数	5
レンタル	バーベキューコンロ、ダッチオーブン、スモーカー、溶岩プレート、ハンモックなど

🏠 山梨県北杜市白州町白須8813-2　☎ 0551-45-9164
🛌 火、水曜（冬季は火曜・水曜・木曜）
🚗 中央自動車道小渕沢ICから車で約25分

BONFIRE

ファイヤースターターでの本格的な火おこしや、森
に落ちているものでの着火法も教えてもらえる。

27

長野／茅野市

グラマラスダイニング蓼科

GLAMPING

新しい施設で
快適な
アウトドア
体験!

鳥のさえずりを
聞きながら
ラグジュアリーな
キャンプ体験

　スロベニア製の大型テントには上質なベッドやシャワーブース、洗面台などを完備。まるでホテルのような快適な施設でグランピングを楽しむことができる。バーベキュー専用デッキでは新鮮な地元野菜をはじめ蓼科牛や八ヶ岳産鹿肉などを味わえるほか、クラフトビールやハウスワイン類も充実。滞在中は「鹿山の湯」を無料で利用することもでき、静かな自然の中で一味違ったラグジュアリーなアウトドア体験を実現できる。

1.2.2019年4月にオープン。リビングスペースも確保できるほどの広いテント内では、時間を忘れてくつろげる。3.夜には満天の星空を楽しめる。ワインを飲みながら優雅なひとときを過ごしたい。4.スタッフが調理してくれる丸鶏のダッチオーブンも人気。5.周辺ではフォレストアドベンチャーや渓流釣りも楽しめる。

COOK

CAMP DATA	ウォシュレットOK	直火OK	ペットOK	AC電源	売店	管理棟

CHECK	IN 15:00　　OUT 10:00
開設時期	4月〜11月
サイト料金	¥35,640〜
総サイト数	4
レンタル	テント、テーブル、チェア、調理器具など

🏠 長野県茅野市北山鹿山4026-2　☎ 0266-71-9211
🈺 12月〜3月　🚗 中央自動車道諏訪ICから車で約30分
（茅野駅からシャトルバスあり）

複合キャンプ施設

八ヶ岳の絶景

森林で癒される

水辺で遊べる

ペットと行きたい

アクティビティーで遊べる

グランピングでリッチに

車中泊OK

その他のエリア

車内泊OKのキャンプ場

テントやバンガローでのキャンプもいいけれど、車中泊ならではの魅力もある。
自慢のキャンピングカーを乗り入れたら、自由なアウトドアタイムの始まりだ

28 LivingAnywhere Commons
山梨／北杜市

暮らすように旅をする次世代のキャンプスタイル

　大きな富士山を望む、開放感のあるキャンプサイト。天然の水風呂で体を整えるアウトドアサウナや共有の焚き火スペースなど、自由なペースでキャンプを楽しめる。本館にはコワーキングスペースやカフェスペースもあるため、車中泊をしながらリモートワークや制作活動も可能。拠点を持たないアウトドアライフが実現する施設だ。

富士山の絶景が
自分だけの
オフィスに

VAN LIFE

複合キャンプ施設

八ヶ岳の絶景

森林で癒される

水辺で遊べる

ペットと行きたい

アクティビティーで遊べる

グランピングでリッチに

車中泊OK

その他のエリア

CAMP DATA

ウォシュレット OK　直火OK　ペットOK　AC電源　売店　管理棟

CHECK	IN 15:00　OUT 10:00
開設時期	通年
サイト料金	オートサイト　¥6,600 フリーサイト　¥6,600
総サイト数	オートサイト10 フリーサイト10
レンタル	焚き火台、バーベキューセット

🏠 山梨県北杜市大泉町谷戸5460
☎ 050-5317-9686　⊗ 不定休
🚗 中央自動車道長坂ICから車で約15分

1.本格的なバンライファーはもちろん、車の旅が好きな人や気ままな一人旅をしたい人などにもおすすめ。2.仕事をしても、本を読んでくつろいでもよし。使い勝手のいいテラスだ。

SUPERB VIEW

落ちてきそうな星を
焚き火とともに眺める

　この施設の魅力のひとつが、年間通して眺めることができる満天の星空。焚き火の炎に照らされた夜空は、言葉にできないほどの美しさだ。しっかりと防寒対策を施しながら、こぼれ落ちそうな星々を贅沢に独り占めしよう。

焚き火を囲みながら星空を眺め、仲間と語らう夜。都会での疲れやストレスを、大自然が癒してくれる。

1.2.ベッドや作業机なども備わっているインスタントシェルター。使い勝手のいい次世代のプライベートスペースだ。

CRAFT SPACE

設計図データを読み込ませることで、自動でパーツを作成し家具などを作ることができる「Shop Bot」。手先の器用でない人でも簡単に家具を量産できる。

INSTANT SHELTER

災害時にも活躍する
シェルターを導入

　平時には一人の居住スペースや作業場として、有事の際は災害用シェルターとしても活躍するインスタントシェルター。非常に頑丈でありながら4時間程度で設営でき、防音・断熱効果も十分。暮らすように旅をするための、実験の場としても機能している。

複合キャンプ施設

八ヶ岳の絶景

森林で癒される

水辺で遊べる

ペットと行きたい

アクティビティーで遊べる

グランピングでリッチに

車中泊OK

その他のエリア

LivingAnywhere Commons その他の拠点一覧

TONO

YATSUGATAKE-HOKUTO

AIZU-BANDAI

FUJI-YOSHIDA

TSUYAMA

TAGAWA

MIMA

IZU-SHIMODA

各地に広がっていく多地域居住拠点

現在、全国に17もの拠点を展開しており、拠点ごとに様々な特色を生かしている。スポーツイベントや音楽制作など使い方は多様に存在する。

29

山梨県／北杜市

時間も空間も
フリーに使える
キャンプサイト

VAN LIFE

仲間でもソロでも充実キャンプ
完全プライベートな空間

　何時でもチェックインでき、車を敷地内に乗り付けてそのままキャンプを始められるフリーなキャンプサイト。仲間や複数家族など大人数での賑やかなキャンプも、自然を堪能したいソロキャンプも、シーンを問わずプライベートな空間で楽しめる。

CAMP DATA	ウォシュレットOK	直火OK	ペットOK	AC電源	売店	管理棟

CHECK	IN 13:00〜
	OUT 〜11:00（フリーチェックイン、アウト）
開設時期	通年
サイト料金	¥40,000〜
総サイト数	3
レンタル	常設の焚き火台、薪自由に使用可能

🏠 山梨県北杜市白州町大坊宇上大坊1136-2
☎ 03-3478-3082　休 無休
🚗 中央自動車道須玉ICから車で約20分

1.2.1区画あたり300㎡以上のサイトが3つ。塀で仕切られているため、仲間同士でプライベートな時間が過ごせる。車が3台入っても余裕の広さ。3.4.シャワールームやウォシュレット付きトイレ、ドライヤーのほか、持ち帰り用のタオルも完備。女性や子どもにはありがたい。

その他のエリアの
キャンプ場

少し羽をのばして、八ヶ岳エリアから離れたところでキャンプを体感したい。
中央高速道路からほど近い他県のスポットを紹介

涼しい湖畔で
アクティビティーと
絶景を楽しむ

30 山梨／山中湖村

the 508

山中湖の湖畔で
富士山の美景に酔う

　　山中湖と富士山が織りなす絶景を眺
めながら過ごせるキャンプ場。森に囲ま
れたキャンプフィールドは1日50組限定
のフリーサイトで、キャンプはもちろん、
日帰りBBQも楽しめる。山中湖周辺で
体験可能なアクティビティーの活動拠
点としてもぴったり。

CAMP DATA	ウォシュレットOK	直火OK	ペットOK	AC電源	売店	管理棟

CHECK	IN 12:00～18:00　　OUT 11:00
開設時期	通年
サイト料金	フリーサイト¥4,950～、 デイキャンプ¥2,750（デイキャンプは平日のみ） （フリーサイト、デイキャンプともに定員5名、ター プ／テント各1張、車1台駐車料含む）、 入場料大人¥660、子ども¥330
総サイト数	約50
レンタル	BBQグリルセット（グリル、炭、トングなど）、 毛布、寝袋

🏠 山梨県南都留郡山中湖村平野508-113
☎ 0555-62-1100　休 無休
🚗 東富士五湖道路山中湖ICから車で約10分

CAMP SITE

CAFE

1.新設の電源付きサイトは、夜になるとロマンチックな雰囲気。2.大自然のなか大いに盛り上がれるサイト。3.宿泊施設でもあるセンターハウス「撫岳荘」1階にあるカフェでは、本格的なコーヒーが味わえる。4.遊びごころも生まれて、気分は少年時代のよう？ 5.宿泊+キャンプのプランもおすすめ

複合キャンプ施設

八ヶ岳の絶景

森林で癒される

水辺で遊べる

ペットと行きたい

アクティビティーで遊べる

グランピングでリッチに

車中泊OK

その他のエリア

31
長野／飯島町

いなかの風キャンプ場

農業体験を通し
里山の魅力を体感

　棚田を利用したキャンプ場。プライベート感のあるテントサイトからは、昼間には雄大な中央アルプスの景色を眺め、夜には満天の星空の下でゆったりと過ごすことができる。敷地内にある田畑での収穫体験や三尺玉の打ち上げ花火の予約もでき、お楽しみも満載。

CAMP DATA

ウォシュレットOK　直火OK　ペットOK　AC電源　売店　管理棟

CHECK	IN 14:00
	OUT 11:00（キャビンは10:00）
開設時期	4月〜11月
サイト料金	オートサイト1区画¥4,000〜
総サイト数	オートサイト50棟
レンタル	テント、テーブル、チェア、調理器具、焚き火台、タープ、BBQコンロ

⊕ 長野県上伊那郡飯島町日曽利43-3
☎ 0265-73-8855　休 無休
🚗 中央自動車道松川ICまたは駒ヶ根ICから約20分

1.全体が柵で囲まれたドッグラン付きのサイトも広々。愛犬も喜ぶこと間違いなし。2.高台を利用した見晴らしのいいロケーションが魅力。3.田植えや稲刈り、野菜の収穫体験を通し、食や自然の大切さを知ることができる。

DOGRUN

農業を通じて
自然と食を
学べるサイト

DOGRUN

自然の中で
愛犬と一緒に
思いきり
遊べる

複合キャンプ施設

八ヶ岳の絶景

森林で癒される

水辺で遊べる

ペットと行きたい

アクティビティーで遊べる

グランピングでリッチに

車中泊OK

その他のエリア

32 愛知／犬山市

アウトドア・ベース犬山キャンプ場

多彩なサイトと体験で
アウトドアを満喫

　豊かな自然に囲まれた八曽遊歩道の小川沿いにあるキャンプ場。愛犬が遊べる柵付きのオートサイトや屋形船風の水上デッキなど個性豊かなサイトが揃う。薪焚き体験風呂や餅つきなどの体験ができるのもこの施設ならでは（詳しくはホームページをチェック）。

1.小型犬はもちろん、大型犬も遊ばせられるほどサイトは広々。2.区画ごとに柵があり、プライベート感満点。3.屋形船風の水上デッキからは釣りも楽しめる。4.テント内で焚き火もできるティピーも人気。

CAMP DATA
ウォシュレットOK　直火OK　ペットOK　AC電源　売店　管理棟

CHECK	IN 11:00（フリーサイトは9:30）　OUT 10:00
開設時期	通年
サイト料金	オートサイト1区画¥3,500、フリーサイト1人¥500、入場料
総サイト数	オートサイト14棟、フリーサイト約6張
レンタル	テーブル、チェア、調理器具、ワンタッチタープ、LEDランタン、寝袋、マット

🏠 愛知県犬山市今井東山95　📞 0568-61-6316
🕐 年末年始 水曜日定休（GW、8月は無休、11～3月は火水休み）
🚗 中央自動車道小牧東ICから車で約10分

33 静岡／富士宮市
ふもとっぱら

富士山の全景を望む
癒しの空間へ

　フリーサイトのため大きさを気にすることなくテントなどのレイアウトができるほか、朝8時30分からチェックインができるのも人気の秘密。キャンプの合間には、セグウェイの体験ツアーに参加するのもおすすめ。富士山の麓から頂上まで見渡せる景色に感激すること間違いなし。

CAMP DATA

 ウォシュレットOK 直火OK ペットOK AC電源 売店 管理棟

CHECK	IN 8:30　OUT 14:00 デイキャンプ 8:30〜17:00
開設時期	通年
サイト料金	オートサイト車1台¥2,000、大人1名¥1,000〜 フリーサイト車1台¥2,000、大人1名¥1,000〜
総サイト数	非公開
レンタル	なし

🏠 静岡県富士宮市麓156　☎ 0544-52-2112　🏠 無休
🚗 東名高速道路富士ICまたは新東名高速道路新富士ICから車で約50分

アーリーインで
思う存分
キャンプを
満喫

複合キャンプ施設

八ヶ岳の絶景

森林で癒される

水辺で遊べる

ペットと行きたい

アクティビティーで遊べる

グランピングでリッチに

車中泊OK

その他のエリア

ACTIVITY

SUPERB VIEW

1.池に映し出される逆さ富士は一枚の絵画のような見晴らし。2.スポーツ用の自転車に電動アシストがついたe-BIKE。3時間以内2,000円+保険料410円〜。3.東京ドーム5個分と日本最大級の広さを誇る。

34

椛の湖オートキャンプ場
(はな)

カヤックや釣りなど
湖ならではの遊びを満喫

キャンプサイトは湖畔と林間の2つ。どちらからも湖を眺められるロケーションが魅力。芝生広場などもあり、遊び疲れたらセンターハウスにあるコウヤマキを使った湯船でリラックスすることもできる。カヤック体験や釣りにチャレンジして、湖の自然を満喫するのもおすすめ。

CAMP DATA

ウォシュレットOK　直火OK　ペットOK　AC電源　売店　管理棟

CHECK	IN14:00、アーリーチェックイン10:00 OUT13:00、レイトチェックアウト16:00
開設時期	3月中旬〜11月
サイト料金	1サイト¥4,950（施設使用料大人¥250、子ども¥150,ごみ回収費¥350）
総サイト数	オートサイト65
レンタル	テント、テーブル、チェア、調理器具、焚き火台、ランタン、ダッチオーブン

🏠 岐阜県中津川市上野589-17　☎ 0573-75-3250
🈑 不定休　🚗 中央自動車中津川ICから約40分

1.カヤック体験は、親子でも参加できる人気のアクティビティー。船の乗り降りや漕ぎ方など丁寧な指導で安心。2.キャンプサイトはどこも10×10mのゆったりした空間。3.木々に囲まれた林間サイト。

CAMP SITE

湖を眺めて
おだやかに楽しむ
アウトドア時間

SUPERB VIEW

目の前は海！
マリンレジャーで
汗を流そう

35

神奈川／小田原市

なみのこ村

ソロキャンプに最適な海辺のキャンプ場

目の前が相模湾という絶好のロケーションで海キャンプが楽しめる。松林に囲まれるように区分けされたキャンプサイトは、各区画に車を横付けできて便利。磯釣りやダイビングなど海ならではのアクティビティーも充実。汗をかいた後は、温水シャワーでスッキリ。

1.潮風を感じ、海を眺めながらのんびりと過ごすことができる。2.屋根付きのバーベキューテラスがあり、雨の日も安心。3. 海ではしゃいだ後のちょっと小腹を満たしたい時は『カフェテリア 魚魚櫓（ととろ）』。4.家族と一緒に楽しめるバーベキュー。5.オートサイトの全景海側陸側で選択できる。6.松林の木陰に車を停めてキャンプが始まる。7. 全くの初心者でもスキューバダイビングが体験できる『根府川ダイビングサービス』

CAMP DATA

ウォシュレットOK　直火OK　ペットOK　AC電源　売店　管理棟

CHECK	IN 11:00 OUT 10:00
開設時期	シーズンによって変更
サイト料金	オートサイト¥4,300、デイキャンプ1台¥2,800
総サイト数	13棟（コロナ対策により1つおきに貸し出し）
レンタル	なし

- 🏠 神奈川県小田原市根府川161
- ☎ 0465-29-0841
- 🕐 シーズンによって変更
- 🚗 西湘バイパス石橋ICから車で約10分

複合キャンプ施設

八ヶ岳の絶景

森林で癒される

水辺で遊べる

ペットと行きたい

アクティビティーで遊べる

グランピングでリッチに

車中泊OK

その他のエリア

36

東京／奥多摩町

川井キャンプ場

河原と林間サイトで
奥多摩の自然を堪能

　最寄り駅から徒歩7分と、車がなくても気軽にキャンプ体験ができるスポット。森の中でほっこりできる林間テントサイトと直火でバーベキューができる河原サイトがある。近隣施設ではカヌーやラフティングなどのアクティビティーのほか、雨の日も楽しめる室内レジャーも充実。

1.奥多摩随一の広さを誇る河原のテントサイト。テントから近い場所で釣りや水遊びが堪能できるのもうれしいポイント。2.川のせせらぎの音を感じながら、のんびりキャンプをするのも好評である。3.炊飯用の薪600円や炭3kg1,200円なども販売されているため、もしもの時にも安心だ。

CAMP SITE

涼しい河原と林間で過ごす夏のレジャー

CAMP DATA

ウォシュレットOK　直火OK　ペットOK　AC電源　売店　管理棟

CHECK	IN 8:30〜16:00 OUT 12:00
開設時期	通年
サイト料金	フリーサイト1人¥1,500〜
総サイト数	フリーサイト60張
レンタル	テーブル、チェア、調理器具

- 東京都西多摩郡奥多摩町梅沢187
- 0428-85-2206
- 年末年始（天候などにより臨時休業の場合あり）
- JR青梅線「川井」駅より徒歩7分、首都圏中央連絡自動車道青梅ICから車で約35分

COLUMN

キャンプの醍醐味 焚き火を知る

たかが焚き火、されど焚き火。
「焚き火は正解がなくて面白い！
だって"遊び"なんだから」
と語る「シェルパ斉藤」こと斉藤政喜さんに、
焚き火の極意と楽しみ方のポイントを尋ねた

シェルパ斉藤さんの、 「楽しい」焚き火の哲学。

狩猟型 焚き火

野山で拾い集めてきた
枝で楽しむ

1.犬の散歩や出かけた先の雑木林で枯れ枝を集めるという。長い枝も道具を使って折らずにそのまま燃やし切るのがシェルパ流だ。2.両脇が空いている薪トートバッグが欠かせない。3.たっぷり拾い集めて、軽トラックへ運び込む。4.子どもたちの遊び場「シェルパーク」には賑やかな声が響く。5.地面に直火で焚き火。「焚き火ができる場所なのかしっかり判断することが大事です」

そこにあるものを調達し、無駄にせず燃やし切る

枝拾いの結果、
里山の維持管理に
なっている

　シェルパ斉藤さんが「狩猟型焚き火」と名付けるのは、旅先やキャンプ地で焚き火の材料になりそうな枝や落ち葉を調達して火をおこす方法。「その時、その場所で出合う木々を使って、どう燃やしていこうかを考える。ただ燃えていく火を見ながら酒やコーヒーを飲むのがいいんです」。古の狩猟時代を彷彿とさせる、野性的な焚き火だ。

薪の質やアイテムにもこだわる

農耕型 焚き火

1

2

3

4

5

1.2.シェルパさんの妻の京子さんが遺跡の再現住居を参考に建てたという竪穴式住居「イオ」の中で、農耕型焚き火を楽しむ。煙は建物上部から抜けていくのでこもらない仕組みだ。3.破風からの光が反射して、煙が美しく光る。4.竹を使ったバウムクーヘンが今日のおやつ。5.シェルパさん自慢の薪棚には、スギやヒノキ、リンゴや栗などさまざまな種類の木が積み上げられている。

素材や道具にこだわり時間をかけて準備する

木の質を見極めてくべたり、何年もかけて薪の水分を抜いたり、こだわりのファイヤーギアを使ったりして楽しむ「農耕型焚き火」。「時間をかけて準備する楽しさがありますね。料理ができたり道具にこだわったりするこのスタイルも好きです」。生活の中に取り入れられた焚き火を前に、ゆったりとした時間が流れるのを感じられる。

焚き火
温泉
サウナ
アウトドアツアー
ハム・ドリンク
パン
ショップ
アウトドアベース
アウトレット

BONFIRE

キャンプや焚き火が思いっきり楽しめる!

「チーム・シェルパ」

妻の京子さんが切り盛りするカフェは、豊富なメニューを味わいながら野遊びができるシェルパさん夫婦の遊び心が詰まった場所

火と水で遊べる自由なアウトドアカフェ

自由に火おこし体験や焚き火で"遊ぶ"ことができるカフェ。必要な道具は自由に使ってもいいだけでなく、五右衛門風呂を沸かして入浴したり、脇を流れる清流での魚釣り体験や川の上でのハンモックで休むことができたりと、自然に溶け込んだ過ごし方ができる。大人も童心に帰って思う存分遊び尽くそう。

1.妻の京子さんと2匹の看板猫、さまざまなファイヤーギアが所狭しと並ぶ店内。2.棚の一角にはシェルパさんのワンバーナーコレクションも。3.季節の野菜を使った惣菜や、スパイシーなカレー麺がいち押しメニューだ。4.心地よい風を感じながらくつろげる。

住 山梨県北杜市高根町上黒沢1123
☎ 0551-47-5601
営 10:00～日没(2月は冬季休業)
休 火曜～木曜
交 中央自動車道長坂ICから車で約5分

八ヶ岳で楽しむ
焚き火スポット

37
長野／茅野市

takibi hut

大勢で囲んで語らうことも、
ひとりでじっくり味わうこともできる焚き火。
ただ火を起こして暖を取るだけではない、
知れば知るほど深い焚き火の魅力を感じてみよう。

温泉

サウナ

アウトドアツアー

ハムドリンク

パン

ショップ

アウトドアベース

アウトレット

遠火でじっくり炙る川
魚は最高。火を囲んで
管理人との会話も楽し
みのひとつ。

1.共同の焚き火スペースでは、初
対面の人同士も焚き火を通じて
仲良くなれるのだとか。2.通年営
業のため、持ち込みテントで"冬
キャンプ"を楽しむ人も。3.広々と
した常設テントで快適に過ごせ
る。4.バンガローはオールシーズン
利用可。白樺湖での散歩や高地
トレーニングもおすすめ。

🏠 長野県茅野市北山白樺湖3419-75
☎ 0267-55-7891
🈺 不定休
🚗 中央自動車道諏訪ICから車で約40分

現役のハンターが振る舞うジビエ鹿肉を堪能

　白樺湖から徒歩2分の好立地にあるバ
ンガロー村。中央には共同の焚き火スペー
スがあり、焚き火台がなくても気軽に楽し
める。管理人は現役のハンターで、白樺高
原で獲れたジビエ鹿肉を味わえる。焚き
火を中心に人が集まる、おだやかな時間
を過ごす。近隣施設も充実しているので、
『takibi hut』を拠点にして楽しめる。

38

長野　立科町

白樺リゾート 池の平ホテル
LAKESIDE FIREBASE

周囲4kmの白樺湖は、元々は農業用に作られた溜池がリゾート地として発展。透明度の高さを誇り、桟橋に吹く風はやさしい。今後はその魅力を生かすコンテンツを増やしていく計画だ。

揺らめく炎と過ごす湖畔のスロータイム

　白樺湖の湖畔でゆったりとバーベキューやテントサウナを楽しめる。特に、薪ストーブブランド「FIRE SIDE」とコラボした、本格的な焚き火を囲みながら過ごすスロータイムは最高。湖面でアクティブにフィッシングや、ボードの上でパドルをこいで水面を進むSUP、カヌーなどを楽しんだ後は、ゆったりと燃えていく火を眺めて何も考えないリラックスした時間を過ごそう。

1

焚き火

温泉

サウナ

アウトドアツアー

ハム・ドリンク

パン

ショップ

アウトドアスペース

アウトレット

1.湖畔で飲むコーヒーは格別。2.世界で楽しまれているレイクリゾートを、日本の新しいリゾートスタイルとして提案。3.ストーブブランド「FIRE SIDE」とコラボし、焚き火やテントサウナを丸ごとレンタル。白樺や黄金アカシアの木に囲まれてとっておきの体験を。4.備品や材料も用意され、湖畔BBQが手ぶらで楽しめる。5.刻々と変わる白樺湖の表情をじっくり味わいたい。

🏠 長野県北佐久郡立科町芦田八ヶ野1596
☎ 0266-68-2100
🕐 ～11/3の10:00～16:00
※BBQ:11:00～14:30
🈂 不定休(予約制)
🚗 中央自動車道諏訪ICから車で約30分

八ヶ岳エリアの
温泉施設

全国でも有数の温泉地、八ヶ岳エリア。
大地から沸々と湧き出る源泉をたっぷりと
体に染みこませたら、心がほぐれていくのを感じられるだろう

39 長野／茅野市
唐沢鉱泉

えも言われぬ神秘的な美しさを誇る八ヶ岳の名物

　八ヶ岳連峰を南八ヶ岳と北八ヶ岳に分け
る天狗岳の麓に位置する『唐沢鉱泉』。その
源泉は山荘から数十メートルほどの林の中
で鮮やかな空色に輝いている。天候や日の
加減によってエメラルドグリーンや青色に
変わるこの源泉は、年に1度、6月頃には真っ
白に濁ることもあるという。また、唐沢鉱泉
は天狗岳の登山口にもあたり、温泉を楽し
む人から八ヶ岳を縦走する人までが行き交
う、クライマーたちの交差点となっている。

焚き火

温泉

サウナ

アウトドアツアー

ハム・ドリンク

パン

ショップ

アウトドアベース

アウトレット

1.総古代杉造りの湯船、スギの床木の洗い場、苔むした巨岩による
野趣あふれる内湯。窓の外の深緑が迫り、夜は天窓から星や月を楽
しめる。2."信玄の隠し湯"と呼ばれるほど歴史は古い。3.原生林
に抱かれた宿。4.料理は地元の食材をふんだんに使用。信州味噌
仕立ての猪鍋(¥5,500〜、要予約)はあっさりな脂身と赤身の旨
みが絶品。5.敷地内にあるヒカリゴケの群生地。光を反射して蛍光
グリーンに光る。見られる季節は6月〜10月。

温泉DATA

泉質:二酸化炭素冷鉱泉

温度:37℃、41℃(源泉10℃)

適応症:高血圧・動脈硬化
　　　　慢性消化器病
　　　　神経痛・関節痛など

🏠 長野県茅野市豊平4733-1

☎ 0266-76-2525

📅 4月中旬〜1月中旬

🈺 メンテナンスの為不定休あり

🚗 車/中央自動車道諏訪南ICから約40分、
　電車/JR中央本線茅野駅より
　送迎バス(要予約)で約40分

💰 日帰り入浴¥700、宿泊1名料金/
　1泊2食付税・サ込¥13,350〜

HP www.karasawakousen.com

40 山梨／北杜市

パノラマの湯

日本一の富士山に満天の星空。絶景に心身の疲れが癒される

　遠くに望む富士山はもちろん、八ヶ岳、南アルプス、瑞牆山と美しい山々の深緑や紅葉を楽しめる絶景露天風呂。小海線「甲斐大泉」駅から徒歩3分と近く、八ヶ岳のハイキングを楽しんだ後でもアクセスしやすいのもありがたい。温泉スタンドでは温泉を持ち帰ることもできるほか、足湯は無料で利用可。さらに宿泊施設やテニスコートもあり、レジャーに湯治にと幅広い使い方ができる。

広い露天風呂は真ん中の岩の手前と奥で温度差が生まれており、好みの温度が選べる。泉質がマイルドで低刺激なため赤ちゃんや皮膚の弱い方でも利用可能だ。

1

2

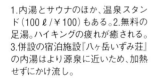

1.内湯とサウナのほか、温泉スタンド（100ℓ/￥100）もある。2.無料の足湯。ハイキングの疲れが癒される。3.併設の宿泊施設『八ヶ岳いずみ荘』の内湯はより源泉に近いため、加熱せずにかけ流し。

3

温泉DATA

泉質：ナトリウム・炭酸水素塩泉

温度：41℃

適応症：きりきず、やけど、慢性皮膚炎、神経痛、筋肉痛など

- 🏠 山梨県北杜市大泉町西井出8240-1
- ☎ 0551-38-1341
- 🕐 10:00〜22:00（受付終了21:30）、食事処いずみ11:00〜21:00（L.O. 20:30）
- 🚫 第2・第4火曜（祝日の場合は翌々日）
- 🚗 車/中央自動車道長坂ICから約10分、電車/JR小海線「甲斐大泉」駅から徒歩約3分
- ¥ 大人￥830、小学生￥420／大人￥410、小学生￥210（北杜市在住者）
- 🌐 panoramanoyu-izumisou.com/panoramanoyu

焚き火

温泉

サウナ

アウトドアツアー

ハムドリンク

パン

ショップ

アウトドアスペース

アウトレット

41

山梨／北杜市

白州塩沢温泉
フォッサ・マグナの湯

寝湯での長湯が細胞の
すみずみまで喜ばせる

北アメリカプレートとユーラシアプレートの境界"フォッサ・マグナ"の地下600mの断層破砕帯から湧き出す温泉。八ヶ岳周辺では珍しくほのかに硫黄臭がする。朝一番で来る地元の常連客も多く、ローカルに愛されている温泉だ。寝湯の温度は38℃で長湯をしても疲れない、常連客は1時間入るという。

1.露天風呂は40℃。山々が迫り、深緑が楽しめる。2.食事処はないが、休憩室は広くくつろげる。ロビーに設置されたトレーニングマシンは無料で利用可。

温泉DATA

泉質：ナトリウム・炭酸水素塩泉

温度：36℃

適応症：きりきず、やけど、慢性皮膚炎、神経痛、筋肉痛など

⊕ 山梨県北杜市白州町大武川344-19
☎ 0266-65-3570
🕐 10:00～22:00（受付終了21:30）
🏠 水曜（祝祭日の場合は翌日）
🚗 車/中央自動車道
　小淵沢ICから約10分、
　電車/JR中央本線「信濃境」駅から
　タクシーで10分
¥ 大人¥820、小学生¥420
　大人¥410、小学生¥200（北杜市在住者）
　大人¥620（富士見町在住者）
🅗 dunlopsports.jp/hakusyu

焚き火

温泉

サウナ

アウトドアツアー

ハム・ドリンク

パン

ショップ

アウトドアベース

アウトレット

42 山梨／北杜市

増富の湯
ますとみ

1.25〜37℃とぬるめの源泉。その浴槽の周りを大風呂が囲んでいる 2.標高2,230ｍの瑞牆山。麓のみずがき山自然公園は、整備されていて歩きやすく、ハイキングに最適。増富の湯までは車で約30分。

温泉DATA

泉質：含二酸化炭素・ナトリウム
　　　塩化物・炭酸水素塩泉

温度：25℃・30℃・35℃・37℃

適応症：糖尿病・通風・筋肉疲労・精神疲労・
　　　　循環器障害・肝機能障害・
　　　　慢性消化器病など

- 山梨県北杜市須玉町比志6438
- 0551-20-6500
- 新型コロナ感染症拡大に伴い変則営業。HPにて確認。
- 新型コロナ感染症拡大に伴い変則営業。HPにて確認。
- 車/中央自動車道須玉ICより30分、電車/JR中央本線「韮崎」駅よりバスで60分、「増富の湯」バス停で下車
- 大人¥830、小学生¥510
　大人¥510、小学生¥210（北杜市在住者）
- masutominoyu.com

ゆったり湯船に浸かって心身をデトックスさせる

　日帰りの入浴施設増富の湯は、古くから湯治場として栄えた、ラジウム増富温泉峡内にあり体の炎症を抑える働きが期待できるため、多くの湯治客が訪れている。古くは高浜虚子や井伏鱒二らの文人や画人もしばし訪れ、日本百名山に選ばれている瑞牆山や金峰山の景勝や本谷川の渓谷美などを讃える様子が幾篇かの随筆に残されている。歴史ある温泉に癒されてみては。

八ヶ岳山麓にて
サウナでととのう

サウナといえばフィンランド。
一年中涼しい気温が続く八ヶ岳は
「日本のフィンランド」と呼ばれるほど、
サウナにうってつけの場所だ。
そんな、八ヶ岳で体感できる
サウナスポットを紹介

ガマンは禁物!
体調と相談しつつ
ととのえよう!

1.イラストレーター・神山隆二さんがペイントを施したサウナ小屋、2時間の貸切制で最大10名まで利用可能だ。2.映像ディレクター・アニメーターhagyさん。4年前にサウナに魅了されて以来、全国のサウナを訪ね歩く。自宅にはテントサウナも設置。3.サウナで体を芯から温めて、地下から汲み上げた冷水シャワーでととのえば言うことなし。

43

長野／茅野市

HYTTER LODGE
& CABINS

熱すぎず苦しすぎない "蒸気浴" でととのう

　昨今のサウナブームでよく聞く「ロウリュ」。愛好家の中でも人気が高いのだが、その理由は熱した石に水をかけてその蒸気を浴びる "蒸気浴" にある。温度も70〜80℃と熱すぎないため、リラックスとリフレッシュの両方がかなうのだ。

🏠 長野県茅野市北山
8606-7
☎ 0266-78-8278
🕐 8:00〜22:00、サウナは
10:00〜19:00
🚫 火・水・木曜(祝日、オン
シーズンの場合は営業)

サウナの楽しみ方

身なりをととのえる

まずは着替え。水着か濡れてもいい服を着用する。バスローブやシートはあると便利。髪を乾燥から守るサウナハットは好みで。タオルを濡らして代用してもOK。

じっくりあったまる

寒くなければ入室前にシャワーを浴びてから入る（風呂があれば利用を）。水を浴びても大丈夫なぐらい体を温めることが肝心。ゆったりリラックスして、時間ではなく自身の体調と相談を。

ヴィヒタで血行促進

室内にある水桶にヴィヒタ（今回は私物）をつけて柔らかくし、全身をやさしく叩く。血行が促進され、殺菌・保湿作用により、肌をしなやかにしたり引き締める効果もある。

水や薪で温度を調節

熱くしたい時は、薪をくべたり、水桶の水を汲んで石にかけるロウリュを。発生した水蒸気をタオルを振って浴びれば、体感温度が上がり発汗作用も促される。

ビールでフィニッシュ

サウナ後はビールをグビッと。こちらでは、ロッジのカフェ＆バーで地元産クラフトビールを多数販売。初夏から秋までのグリーンシーズンはサウナ小屋近くにもカフェ＆バーがオープンする。

外気でリフレッシュ

汗を流したら、ベンチに座りしっかり休憩を取ることがポイント。体調と気候次第だが、5〜10分が目安。サウナ、水浴び、外気浴を3〜4回繰り返すのがおすすめ。

水でクールダウン

しっかり汗をかき十分に体を温めたら、外に出て水を浴びる。こちらでは、地下水を使ったシャワーとバケツが用意される。水風呂に入る場合は、冷やしすぎないこと。

焚き火

温泉

サウナ

アウトドアツアー

ハム・ドリンク

パン

ショップ

アウトドアベース

アウトレット

44

山梨／北杜市

KAIKOMA SAUNA

南アルプスの
絶景に囲まれて
開放的なサウナタイム

1

大自然と一体のサウナでプライベートな時間を堪能

アウトドアサウナの魅力に惹かれたペンションのオーナーが始めた「KAIKOMA SAUNA」。広大な南アルプスの絶景が眼前に広がる。ストーブに火を入れてテント内を熱し、体をしっかり温めたらそのまま川へダイブ！というワイルドな楽しみ方ができる。

🏠 山梨県北杜市白州町
横手12
☎ 0551-30-9207
🔘 要予約

大武川の河川敷、小さな滝のある場所でサウナテントを設営。目の前には峻険な甲斐駒ヶ岳を一望、特に周囲が錦色に染まる秋や、雪の冠をかぶった冬がおすすめ。

テント内には一酸化炭素検知器と温度計も設置されているので随時チェックを。

1.薪をくべながらテント内を温める。ロウリュ用のストーンに水をかけてテント内に水蒸気を！ 2.自然の中で体感できるサウナは最高な気分を演出してくれる。3.テントは利用者がセルフで組み立て。スタッフの補助もあるので簡単に設置できる。

焚き火

温泉

サウナ

アウトドアツアー

ハム・ドリンク

パン

ショップ

アウトドアベース

アウトレット

45

山梨／北杜市

ヤマサウナ

いつでもどこでも
自然が極上の
サウナ空間に変わる

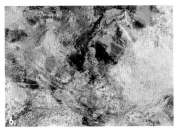

焚き火

温泉

サウナ

アウトドアツアー

ハムドリンク

パン

ショップ

アウトドアベース

アウトレット

1.1人でも組み立てられるテントサウナ。2.テント内はスチーム状に。温度は80℃ほどになる。3.使用後はコンパクトに収納可。かさばらず持ち運びにも便利だ。4.必要な道具は薪以外すべてセットに。5.存分に温まったらサウナを出て川へ。八ヶ岳の清流で体をととのえる瞬間がたまらない。6.ミネラルウォーターに使われるほどのきれいな水が流れる。　※現在、写真の商品は取り扱っておりません。

🌐 www.yamasauna.com

アウトドア旅のおともにレンタルサウナという選択

　自分だけのお気に入りの場所やキャンプ場に、レンタルサウナを持ち込んでみては。薪のみを用意すればテントと薪ストーブ、そのほか必要な備品類がセットで届き、手軽にサウナを始められる。組み立てや設置も簡単で、テントの設営に慣れている人ならおよそ15分で完了。オプションでロウリュセットがレンタルできるのもうれしい。現在は最大12名まで収容できる大容量のテントのみレンタル可能。

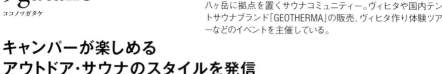

46

長野／富士見町

9gatake
ココノツガタケ

八ヶ岳に拠点を置くサウナコミュニティー。ヴィヒタや国内テントサウナブランド「GEOTHERMA」の販売、ヴィヒタ作り体験ツアーなどのイベントを主催している。

キャンパーが楽しめる
アウトドア・サウナのスタイルを発信

9gatakeが提案するアウトドア・サウナは、サウナ施設ではなかなか体験できないヴィヒタを使った本場さながらのサウナと、サウナストーンがなくてもロウリュができる新しいスタイル。9gatakeが共同プロデュースした国内テントサウナブランド「GEOTHERMA」は、重たいサウナストーンを持ち歩かなくても、サウナストーブに直接水をかけてロウリュができるので、ギアの持ち運びが大変なキャンパーに最適だ。

※一部デザインが変更になる可能性があります。

ヴィヒタとサウナを堪能する
「ヴィヒタフルネスツアー」

大自然の中でヴィヒタ作りとアウトドア・サウナが楽しめる「ヴィヒタフルネスツアー」。実際に白樺を切り倒し、枝葉を剪定して、自分の作ったヴィヒタでアウトドア・サウナを楽しめる。夜はローカルの食材を使った「サ飯」を地元のシェフが振る舞うフルコース付き。地元の新鮮な食材と、八ヶ岳産のクラフトビールで乾杯すれば、心も身体も「ととのう」こと間違いなしだ。

手作りの
マイヴィヒタで
よりサウナを楽しむ!

VIHITA

アウトドア・サウナのマストアイテム「ヴィヒタ」

　長野県の県樹でもある「白樺」の枝葉を束ねて縛ったもので、サウナ入浴の際に身体をペチペチ叩くことで、白樺のよい香りと共に血行が促進され、疲労回復やリラックス効果が得られる。本場フィンランドではサウナに欠かせないマストアイテム。

🔟 イベント情報などはInstagram
「9gatake」で随時配信中

焚き火

温泉

サウナ

アウトドアツアー

ハム・ドリンク

パン

ショップ

アウトドアベース

アウトレット

アウトドアツアーで
キャンプを楽しむ

自分らしいキャンプの楽しみもあるが、
プロによるツアーガイドはまた一味違う。
八ヶ岳には、自然をよりディープに楽しめる
さまざまなツアーが盛りだくさんだ

47 長野／富士見町
富士見高原リゾート

キャンプの達人が教える
自由な気ままな
スローキャンプ

焚き火

温泉

サウナ

アウトドアツアー

ハム・ドリンク

パン

ショップ

アウトドアベース

アウトレット

1.水を含んだ新聞紙に包んで蒸した安納芋は、ねっとり濃厚で甘さが引き立つ。2.ハンドドリップでいれるコーヒーは、富士見のコーヒーショップ『gardenia coffee house』の豆を使用。3.パンは地元のベーカリー『カントリーキッチン』のもの。4.焚き火でマシュマロを炙れば、外はカリカリ、中はトロッと。5.八ヶ岳山麓で育つ有機野菜を皮ごと調理。「味付けは塩とオリーブオイル、香りづけのにんにく。余計な調味料がないほうが、素材の甘みが引き立ちます」。切った野菜は、ダッチオーブンに詰め、そのまま焚き火の中へ。コトコトと鍋から音が漏れだしたら、完成だ。

人と自然をつなぐ様々なキャンプを企画

　長野県諏訪郡富士見町の「立場川キャンプ場」は、好きな場所にテントを張って自由に過ごせる施設。「安全や環境への負荷にさえ気を付ければ、キャンプは本来自由に楽しめるもの。焚き火を眺めたりハンモックに揺られたり、ここでしか味わえない過ごし方をしてみてください」と話すのは、案内人の藤田然さん。「人と自然の接点を作る」をテーマに、イベントやツアーの企画なども行っている。

　藤田さん自体は、あえて必要以上に手を貸さず、参加者自身に体験してもらうことを大切にしているという。「都会の子どもたちは火や土、生の木に触れることはほとんどありません。そんな子たちが田舎へ来て地元の子ども達と森で遊ぶことを覚える。そういう体験を通じて生き生きと自然に触れてほしいですね」と展望を話す。

　大人たちはそんな姿を眺めながら自然の中でゆっくりとお酒を楽しむ。都会では味わえない最高の贅沢に違いない。

🏠 長野県諏訪郡富士見町境12067
☎ 0266-66-2121
🕘 9:00〜17:00
🈳 不定休
📧 Email:info-2@fujimikogen-resort.co.jp
　Facebook:www.facebook.com/uf.koshin
※上記は藤田さんのキャンプイベントの問い合わせ先。

ネイチャーガイドと行く
焚き火で和むアウトドア

10月〜翌6月は「ほっこり ひだまり・たき火カフェ」を清里高原にて開催。※焚き火の画像は以前の開催時の写真。焚き火カフェは焚き火台を使用して開催

焚き火

温泉

サウナ

アウトドアツアー

ハム・ドリンク

パン

ショップ

アウトドアベース

アウトレット

48 山梨／北杜市

八ヶ岳アウトドア・
アクティヴィティーズ

焚き火でランチ＆カフェ
ファミリーにも人気のツアー

　初めてのキャンプが不安な人や小さい子どもがいる人でも、プロのネイチャーガイドとともに散策するなら安心。40分ほど森の小径を散歩した後は、河原で焚き火を囲みながらランチとカフェタイム。気軽に安全にプチキャンプ気分を味わえる。

1.ランチには焚き火で焼いたホットサンドを頬張る。格別の味わいだ。2.焼きマシュマロ体験には大人も大興奮！焼き加減の頃合いを見つけるのがポイント。3.大自然の中で仲間と一緒に食べる食事。4.環境保全の観点から焚き火台を使用して開催。

🏠 山梨県北杜市高根町清里3545 萌木の村
📞 080-4436-8423　🕐 8:30〜16:30　🚫 水・木曜（7〜10月）※7月15日〜8月末は無休、火・水・木曜（11〜6月）
※GWは無休、12月7日〜16日メンテナンス休業
🌐 www.y-outdoor.com

"山のホスト"が案内する
エンターテイメントな
アウトドアツアー

49

山梨／北杜市

ひといき荘アウトドアサービス

"山好き"が案内するエンタメ満載のツアー

　ヒッチハイクで日本一周、お遍路巡りに海外の旅など、豊かな自然のある地に魅せられてきた"ふじけんさん"がガイドするツアー。カヤックやトレッキング、雪の中を感触を楽しみながら歩くスノーシューなどを組み合わせたオリジナルの内容をプラ ンニングしている。「山のホスト」と自称するだけあり、ユニークな話術と明るい笑顔が持ち味のふじけんさん。彼がナビゲートする大迫力・大満足のアクティビティーの数々は、一度経験したらやみつきになりそうだ。

焚き火

温泉

サウナ

アウトドアツアー

ハム・ドリンク

パン

ショップ

アウトドアベース

アウトレット

1.2.参加者には写真プレゼントのサービスがある。ふじけんさんはカメラもプロ顔負けの腕前なので、ツアー中の記念撮影もひと味違ったものに。3.ツアーは愛犬同伴で楽しめる。夏はカヤック、冬はスノーシューと季節に応じた種類豊富な企画が魅力。 4.愛犬も記念撮影！ 5.パーコレーターでいれたコーヒーやおやつの時間もツアーの楽しみ。6.森の木々の間にハンモックを吊ってひと休み。読書するもよし、うたた寝するもよし。7.八ヶ岳を知り尽くしたガイドが案内するスポットには、日本とは思えないような絶景も。

📞 080-5171-5098（ショートメッセージのみ）
🔖 hitoiki.in

111

HAM

八ヶ岳キャンプで味わいたいこだわりのハム

キャンプには欠かせないランチやディナー。
八ヶ岳の自然の中で、こだわりのハムを食するのも
贅沢のひとつ。素材などにこだわった八ヶ岳のハムは
シンプルな調理でも十分なキャンプライフが楽しめるはず

1
ベーコン

7
生ハムソーセージ

6
パプリカリオナー

2
ショルダーハム

5
ビアシンケン

3
カナディアンハム

4
生ハム

ジューシーなハムやソーセージを八ヶ岳の自然と一緒に味わう

1 信州産豚の肩ロースを沖縄産海塩とサクラチップのスモークで仕上げた無添加ベーコン100g ¥620〜 Ⓐ

2 しっかりとした肉の旨みと食感を味わえる豚の肩ロースを使用したハム。100g ¥422〜 Ⓑ

3 粗挽きのブラックペッパーが程よく効いたカナディアンタイプのハム。100g ¥486〜 Ⓑ

4 長年の研究の末編み出した、麹菌を使った熟成方法で作った信州豚の生ハム。100g ¥1,620 Ⓐ

5 豚肉の角片を使ったスライスソーセージは凝縮した旨みが味わえる逸品。100g ¥378 Ⓑ

6 切り口の彩りが鮮やかで目でも楽しい、赤と緑のパプリカ入りリオナー 100g ¥378 Ⓑ

7 生ハムを練り込んだ信州豚100%のソーセージはグリル専用で。1パック（3本入り）¥1,000 Ⓐ

50 長野／原村 Ⓐ
八ヶ岳食工房合同会社

信州ブランド豚「信州吟醸豚」のみを使った無添加生ハムとソーセージの工房。麹菌を使用して熟成させた無添加生ハムは、塩分濃度が控えめで肉本来の味わいが際立つ。

🏠 長野県諏訪郡原村原山17217-1667
☎ 0266-55-6186
🕐 10:00〜16:00
休 火、水曜
🚃 電車/JR中央本線「青柳」駅より車で約20分、車/中央自動車道諏訪南ICから車で約15分
Ⓟ あり

51 山梨／北杜市 Ⓑ
ハム日和

全て店で手作りしているというハムとソーセージは、肉の旨みが凝縮された濃厚な味わい。ハムに合う様々なチーズやピクルスなどを販売。パンのお供探しに最適な一軒だ。

🏠 山梨県北杜市高根町東井出1521
☎ 0551-47-3786
🕐 10:00〜17:00
休 火（4月〜10月）、月、火曜（11月〜3月）
🚃 電車/JR小海線「甲斐大泉」駅より車で約5分、車/中央自動車道長坂ICから車で約10分
Ⓟ あり

焚き火
温泉
サウナ
アウトドアツアー
ハム・ドリンク
パン
ショップ
アウトドアベース
アウトレット

DRINK

八ヶ岳キャンプで一息したい お茶とドリンク

1 テーブルランド オリジナルブレンド

2 テーブルランド オリジナル ドリップパック

3 ミルクティー フリーク

5 ブラジル ショコラ

4 健やかな 毎日のためのお茶

9 スコヤブレンド

1	**2**	**3**	**4**	**5**
店を代表するオリジナルブレンド。カフェオレに最適。100 g ¥620 Ⓑ	店主がイメージする八ヶ岳の各地名を冠したドリップパック。各¥200 Ⓑ	スパイスと果実をブレンドしたミルクティー好きのための紅茶。40 g ¥961 Ⓒ	ジャーマン・カモミールなど6種をブレンド。20 g ¥583 Ⓒ	熟成させたナッツやチョコのような味わい。比較的ライトな深煎。100 g ¥630 Ⓓ

52 山梨／北杜市 Ⓐ

八ヶ岳の麓の酒屋 有限会社 久保酒店

八ヶ岳を中心に厳選した酒類だけでなく、安心・安全にこだわった鮮度抜群のジュースや食材を多数取り扱っている。

🏠 山梨県北杜市小淵沢町7661
☎ 0551-36-2034　🕙 10:00〜18:00　🈺 日曜
🚋 電車/JR中央本線「小淵沢」駅から徒歩で約5分、車/中央自動車道小淵沢ICから約5分　🅿 あり

53 長野／富士見町 Ⓑ

八ヶ岳珈琲工房 テーブルランド

良質な豆だけをハンドピックで選び抜いたオリジナルブレンドは、どれも甘味と透明感がある。

🏠 長野県諏訪郡富士見町乙事4655-1　☎ 0266-62-8626
🕙 10:00〜16:00　🈺 不定休（店舗へお問合わせ下さい）
🚋 電車/JR中央本線「富士見」駅から車で約10分、車/中央自動車道諏訪南ICから約10分　🅿 あり
🏠 www.tableland-coffee.com

6
のむヨーグルト

7
低温殺菌牛乳

8
エチオピア
モカ

VOXオーガニック
アッサム

スッキリ感のある味わいのオーガニックアッサム（¥519）。細かく加工された茶葉は、短時間で早く濃く抽出できる。Ⓐ

IPA（左）
ペールエール（右）

八ヶ岳の爽快で澄み切った青空をイメージしたブルーと生き生きとした木々や緑あふれる森をイメージしたグリーンの2種類。各¥680 Ⓐ

オーガニック紅茶

バランスのよい味わいのオーガニック紅茶（¥324）。ティーバッグタイプなので、アウトドアにも便利。Ⓐ

カルダモンシードをはじめ、シナモンスティック、ホールのクローブ、スターアニス（八角）など、チャイにおすすめのオーガニックスパイスは各¥519。Ⓐ

6
搾りたての生乳の素材を生かした、さっぱり飲みやすいヨーグルト。900㎖ ¥680

7
生乳を低温殺菌し、自然の風味をそのまま生かしたフレッシュな牛乳。900㎖¥630

8
天日干しのナチュラルなコーヒー。苦みの中にも甘い香り。深煎。100ｇ ¥600 Ⓓ

9
オリジナルブレンドの深煎。深い苦みにかすかな酸味と甘みが。100ｇ ¥580 Ⓓ

54 長野／茅野市 Ⓒ
蓼科ハーバル
ノート・シンプルズ

　蓼科の森にあるハーブとアロマテラピーの専門店。店内はハーブの香りに包まれ、体調や好みに合わせたアドバイスもする。

🏠 長野県茅野市豊平10284　☎ 0266-76-2282　🕐 9:00～18:00　🈺 水曜　🚗 電車/JR中央本線「茅野」駅から車で約20分、車/中央自動車道諏訪南ICから約20分　🅿 あり

55 山梨／北杜市 Ⓓ
SUCOYA
COFFEE

　豆は手回しローラーで少量ずつ焙煎。店主の好みで、全体に深煎りで酸味は少なめ。店内でネルドリップの一杯が味わえる。

🏠 山梨県北杜市高根町箕輪2456-1　☎ 0551-45-8212　🕐 10:00～19:00　🈺 水、木曜　🚗 電車/JR中央本線「日野春」駅より車で約15分、車/中央自動車道長坂ICより約10分　🅿 あり

焚き火

温泉

サウナ

アウトドアツアー

ハム・ドリンク

パン

ショップ

アウトドアベース

アウトレット

115

八ヶ岳キャンプで一緒に食べたい おいしいパンの店

アウトドアのおともに、ゴミも出ず手軽に食べられるパンは何かと便利だ。
八ヶ岳で営まれる、店主のこだわりが詰まったパンの店を訪ねよう

56 山梨／北杜市

Live&Bread CHECHEMENI company

**おかずのすすむパン
素朴な味わいを凝縮**

　"ご飯に代わるパン"をコンセプトに、素材の旨味をぎっしりと詰め込んだ食事パンが揃う。シンプルなカンパーニュやエピ、ココナッツやくるみが入ったパンは、程よいサイズ感で肉や野菜などのおかずと合わせると相性抜群。

- 🏠 山梨県北杜市長坂町白井沢3764
- ☎ 0551-45-6303
- 🕙 10:00～17:00頃（売り切れ次第終了）
- 🚫 日～木曜 🅿 あり
- 🚗 電車/JR中央本線「小淵沢」駅から車で約10分、車/中央自動車道長坂ICから車で約10分

57 山梨／北杜市

山のパン屋 桑の実

**ママ目線でつくる
体にやさしいこだわりパン**

　代表の尾山さんがママ友たちと立ち上げたパン屋さん。「道の駅こぶちさわ」内に移転し、ますます多くの観光客や地元民に愛される存在に。牛乳、バター、卵など動物性材料を使わず、天然酵母で丁寧に焼き上げる。

- 🏠 山梨県北杜市小淵沢町2968-1
- ☎ 0551-36-5227
- 🕙 9:00～17:00（売り切れ次第終了）
- 🚫 6月第1木曜/2月第1火曜・水曜のみ
- 🅿 あり
- 🚗 電車/JR中央本線「小淵沢」駅から車で5分 車/中央自動車道小淵沢ICから約3分
- 🌐 kuwa.ocnk.net

58
山梨／北杜市

清泉寮パン工房

厳選された素材と
自家製の野菜酵母が決め手

米やジャガイモ、リンゴなどを発酵させた自家製の野菜酵母パンが豊富。有機栽培の小麦粉や五島列島の天然塩、八ヶ岳の清流の水など素材ひとつひとつを厳選し、丁寧に作り上げる。清泉寮の有機ジャージー牛乳を使ったミルクパンは絶品。

🏠 山梨県北杜市高根町清里3545
☎ 0551-48-4441
🕐 9:00〜17:00※季節による変動あり
🚫 なし Ⓟあり
🚗 電車/JR小海線「清里」駅から車で約5分
　　車/中央自動車道長坂ICから車で約20分
🌐 www.seisenryo.jp/special-new-jh.html

59
山梨／北杜市

パン屋 ゼルコバ

"八ヶ岳にあるもの"で作る
食卓に馴染むパン

6年前に八ヶ岳に移住した夫妻が営むパン屋さん。独自の配合でかけ合わせた酵母と、近所の人からおすそ分けでいただく野菜などを使って、毎日の食卓に馴染むようなパンを作る。中までじっくりと火が通る溶岩窯もこだわりのひとつだ。

🏠 山梨県北杜市白州町白須258-1
☎ 0551-45-8124
🕐 10:00〜売り切れ次第閉店
🚫 月、火曜 Ⓟあり
🚗 電車/JR中央本線「日野春」駅から車で約15分
　　車/中央自動車道須玉ICから車で約20分
🌐 zelkowa.cocolog-nifty.com/

60
山梨／韮崎市

asa-coya

噛むほどに素材の味を感じる
自家製天然酵母パン

レーズンやヨーグルト、酒粕などから酵母をおこし、天然酵母への手間ひまを惜しまない店主が営む。「子どもでも安心して食べられるパンを」との思いで丁寧にやさしく焼き上げたパンは、ひと口ごとに素材の旨みがじんわりと広がる。

🏠 山梨県韮崎市大草町下條中割242
🕐 11:30〜売り切れ次第閉店
🚫 不定休 Ⓟあり
🚗 電車/JR中央本線「韮崎」駅から車で約10分
　　車/中央自動車道韮崎ICから車で約15分
🌐 asacoya.crayonsite.com/

焚き火

温泉

サウナ

アウトドアツアー

ハム・ドリンク

パン

ショップ

アウトドアベース

アウトレット

BREAD

61 長野／茅野市

bread&things KALPA

小麦の力強さを感じられる
シンプルなハード系パンが人気

積極的にオーガニック食材を取り入れ、長野県産の無農薬栽培小麦を自家製粉して使用。同じく自家製の天然酵母によって、小麦の味が際立つ力強いパンに仕上げている。飽きのこないシンプルなハード系のパンは毎日でも味わいたい。

🏠 長野県茅野市湖東8777-1
☎ 0266-55-5386
🕙 10:00〜18:00
（売り切れ次第閉店）
🈲 日、月曜　🅿 あり
🚃 電車/JR中央本線「茅野」駅から車で15分　🚗 車/中央自動車道諏訪ICから約20分

62 長野／富士見町

ベーグルクラブ

おやつ系から惣菜系まで
豊富な中から選ぶ楽しさを

おかずとも合わせやすいプレーンなベーグルに、フルーツや野菜をたっぷり使った具だくさんなベーグルなど豊富。「たくさんの中から選ぶ楽しさを感じてほしい」との店主・板谷晃一郎さんの思いが伝わる。

🏠 長野県諏訪郡富士見町落合9983-3
☎ 0266-75-2217　🕙 10:00〜19:00（売り切れ次第閉店）　🈲 月曜　🅿 あり　🚃 電車/JR中央本線「富士見」駅から車で約5分　🚗 車/中央自動車道諏訪南ICから車で約5分
🌐 bagel-club.net

63 長野／富士見町

やまゆり

風情ある古民家で営む
懐かしさを感じるパン

表向きはかけうどんを提供するうどん屋でありながら、15年以上も定番の人気を誇るカンパーニュなど数種類のパンが風情ある古民家の店内に並ぶ。客が思い思いにくつろげ、地元民にとってコミュニティの場にもなっている。

🏠 長野県諏訪郡富士見町境8068　🕙 11:00〜15:00　🈲 月・火曜日定休（月曜祝日の場合、火・水曜）　🅿 あり　🚃 電車/JR中央本線「信濃境」駅より徒歩10分　🚗 車/中央自動車道小淵沢ICより約10分　🌐 営業情報はFacebookページ「やまゆり」を参照

キャンプの買い出しはココ！
地産の名物が並ぶお店をチェック

地元の採れたて野菜からブランド豚、オリジナルスイーツに手作りお惣菜…。
その土地の"おいしい"に出会える道の駅へ出かけよう

1.地元の食材がずらりと並ぶ様子は圧巻。2.天然ミネラル温泉「延命の湯」には「ゆるキャン△」とコラボしたバイクが展示されていることもある。3.長旅の疲れをほっと癒してくれる日帰り温泉「延命の湯」。4.『ロトンド小淵沢』では直売所に入荷した旬の野菜を生かしたイタリアンがいただける。5.八ヶ岳のフルーツを使ったジャムや、地元のスイーツなどはお土産にぴったり。

64

山梨／北杜市

道の駅 こぶちさわ

📍 山梨県北杜市小淵沢町2968-1
☎ 0551-36-3280
🕐 9:00〜19:00(10月〜4月は〜18:00)
　※施設により異なる
　※曜日によって変更の場合あり。
　詳しくはHPをご覧ください。
　https://mkobuchisawa.jp/
🚗 中央自動車道小淵沢ICから車で約3分

八ヶ岳がまるごと味わえる。温泉が併設された道の駅

　地元の農家が心を込めて育てた野菜から、地域に根付くお菓子や民芸品まで豊富な品が並ぶ。併設されたイタリアンレストランでは地元野菜の石窯焼きピザやワインが人気。天然温泉施設やそば打ち・陶芸体験もあり、家族で一日中楽しめる。また、山梨県周辺を舞台にしたアウトドア系アニメ「ゆるキャン△」に登場したこともあり、聖地巡礼をするファンも多い。幅広い年齢層で過ごせる、賑やかな道の駅だ。

65

山梨／韮崎市

道の駅 にらさき

地元の名産品が並ぶ
気軽な立ち寄りスポット

山梨の珍しいお土産物や地元の新鮮な野菜が並ぶ。温泉施設を併設されており、オリジナルメニューである「しょうゆソフト」が人気となっている、気軽な立ち寄りスポットだ。

1.新鮮な野菜が一面に広がる店内。豊富な品揃えは観光客にも好評だ。2.温泉施設も併設されており、お年寄りや子供も楽しめる。3.地元で収穫した野菜はお手頃な価格で購入できる

🏠 山梨県韮崎市中田町中條1795
☎ 0551-25-5021　🕐 9:00〜17:30
🈺 月曜（祝祭日の場合は翌日）、年末年始

66

長野／富士見町

道の駅 信州蔦木宿
（つたきじゅく）

温泉に手打ちそばなど
身も心も満足な道の駅

天然温泉「つたの湯」があるほか、手打ちそばや「ほべ落ちソフト」などのグルメも充実しており、長くくつろげる。宿場町の雰囲気を感じながら、心身ともに癒されるスポットだ。

1.旬の朝採り野菜や八ヶ岳ならではの農産物など四季折々が感じられる直売品ゾーン 2.自然の景色を堪能しながらゆったりと楽しむことができる。3.県境らしく山梨県産の果物も多く並ぶ

🏠 長野県諏訪郡富士見町落合1984-1
☎ 0266-61-8222
🈺 9:00〜17:00（土日祝は〜19:00）、温泉は10:00〜19:00（土日祝は〜21:00）　🈺 火曜

1

2

3

67

長野／茅野市

道の駅
ビーナスライン蓼科湖

美しい蓼科湖を望む
食と自然を堪能できる場

ビーナスライン沿いに2020年7月オープン。牛乳の風味が濃厚な「蓼科アイス」や、採れたての野菜や果物の販売のほか、レンタルボートもあり、心ゆくまで楽しめる。

1.長きにわたり客人たちに愛されてきた蓼科アイス。2.広々とした施設内には公園や観光スポットがあり、ゆっくりとくつろげる施設がたくさんある。3.地元の農産物が買える直売所もある「蓼科農家（農産物直売所）」

🏠 長野県茅野市北山蓼科4035-2906
☎ 0266-67-2222　🕐 8:00～17:00（店舗により異なる）
🅿 冬季休業（11月上旬～）（店舗により異なる）

水・金・土	月・火・水・土・日 （木・金休み）	月曜以外毎日
チェチェメニ 国産小麦や自家製酵母にこだわった玄人好みのパン。ハード系がメイン。	**麦の家** 「シニアソムリエの焼くパン」。地元の旬の食材を上手に取り入れている。	**びーはっぴぃ** 身体にやさしく、食べるとホッとするパン。蒸しパンやマフィンなども。

八ヶ岳には美味しい
パンがいっぱい

フランク
白州ベーコン
とても旨みのあるソフトベーコン。どんな料理にも合う。当然、パンにも合う。

のらごころ野菜
有機栽培の生産者の共同出荷グループ。珍しい品目も多く、ファンが多い。

68

山梨／北杜市

ひまわり市場

野菜からこだわりパンまで
豊富に揃うスーパーマーケット

有機野菜や平飼い卵、無添加ドレッシングなど、体にやさしい地元食材が揃い、観光客や地元の人々で賑わう。日替わりで登場する八ヶ岳周辺のパン屋さんにも注目。

🏠 山梨県北杜市大泉町谷戸2008
☎ 0551-38-4744　🕐 9:30～19:30　🅿 元日他年6日休

焚き火

温泉

サウナ

アウトドアツアー

ハム・ドリンク

パン

ショップ

アウトドアベース

アウトレット

元お茶屋さんの
アウトドアベース

アウトドア好きがこぞって集まる場所がある。
宿泊としての機能だけでなく、利用客同士の触れ合いの場や、
街散歩の拠点としても活用されているベースの魅力を紹介

69 山梨／韮崎市

chAho Hostel Nirasaki /
Outdoor Base

1
2

アウトドアの拠点となる韮崎の我が家

韮崎中央商店街のシンボルであった『アメリカヤ』が複合施設としてリニューアルオープンしたのを始め、空き家をリノベーションし、新たな施設が続々と誕生している韮崎市。登山客も多く訪れる韮崎市で、以前はお茶屋だった築50年以上経つ『茶舗』の建物を「アウトドアベース」をコンセプトにリノベーション。

登山やトレイルラン、ビジネスなどで訪れる人の宿として利用されている同館は、本館とみよし館の2つの棟からなる。本館はドミトリーと和室があり、登山のザックを置くスペースやキッチン、共用スペースを設置。自炊をしたり、ほかの宿泊客と会話できる場所があったりと触れ合いの時間を持てる空間が特徴。世界的トレイルランナーの意見も取り入れて改装した本館は、登山客やトレイルランに訪れた人が使いやすい設計となっている。

別館のみよし館はテレビ付きのダブルとツインの部屋があり、ビジネス客の利用も多い。ここに宿泊し、韮崎中央商店街を散策してみるのも楽しい。我が家のようなアットホームな体感を一度してみては。

1.屋上からは富士山や八ヶ岳が一望できる。2.韮崎市出身のプロトレイルランナーがセレクトした商品が並ぶ1階。商品は購入も可能。3.キッチンでは自炊ができる。4.ドミトリーは8名までの宿泊が可能。登山者に利用しやすい設計。5.諏訪の画家・伊藤佳美さんが描いた壁画。韮崎市から登山可能な山々が描かれている。6.ほかの宿泊客とも触れ合える共用スペース。同じ趣味を持つ仲間とは会話もはずむ。7.韮崎中央商店街にある。商店街には新しい店舗が続々と誕生しており、宿泊の際は散策を楽しんでみたい。

🏠 山梨県韮崎市中央町10-22
☎ 0551-45-7556
🕐 IN16:00～23:00、OUT10:00

焚き火

温泉

サウナ

アウトドアツアー

ハム・ドリンク

パン

ショップ

アウトドアベース

アウトレット

八ヶ岳アウトレットリゾートで
アウトドアショッピングを漫喫

八ヶ岳の雄大な自然と調和するショッピングモール「八ヶ岳リゾートアウトレット」。
有名ブランドが立ち並ぶ施設で、お気に入りのキャンプアイテムを揃えよう

70 山梨／北杜市

八ヶ岳リゾート
アウトレット

- 🏠 山梨県北杜市小渕沢町4000
- ☎ 0551-20-5454
- 🕐 10:00〜18:00
- 🈂 無休
- 🚗 中央道自動車小渕沢ICから車で約5分

ファッションもグルメも充実。自然と調和する空間

　便利な最新キャンプギアから家族で揃えたいおしゃれなアウトドアウェア、見ているだけでも楽しくなれるペット用グッズに、地元の素材を使ったグルメも味わえるレストランやカフェなど、約40ものテナントが入るショッピングモール。八ヶ岳の自然に触れながらハイキングを楽しめる参加型プログラム「八ヶ岳　森の学校」や、大自然の中で子どもが遊べる遊具もあり、都会にはない自然調和型のショッピングが楽しめる。無料で利用できるドッグランもあり、ペット連れにとっても過ごしやすい。

Columbia Sportswear Company

アメリカ生まれのアウトドアブランド。本格的なスポーツウェアとしてもタウンワードローブとしても着られる、幅広いラインアップ。バッグやアクセサリーも充実。

コロンビアスポーツウェア
☎ 0551-20-5388

Foxfire

自然と融和・共生しながらおだやかに楽しむ「クワイエットスポーツ」をコンセプトにしたアイテムが揃う。フィッシンググギアをベースとしたカジュアルなウェアが特長。

フォックスファイヤー
☎ 0551-35-9118

Outdoor Garage

登山用品を中心に、アウトドアで使える商品がお値打ち価格で揃うアウトレットセレクトショップ。掘り出し物や現品限りのアイテムは必見。

アウトドア ガレージ
☎ 0551-20-5480

MOUNTAIN HARD WEAR

アウトドアスポーツへの造形が深いスタッフによるブランドで、ユーザー目線に立ったウェアやギアが充実。「一生使える高品質な製品が揃う」とリピーターも多い。

マウンテンハードウエア
☎ 0551-36-6655

MONTURA

人間工学に基づいた機能的なデザインに定評がある、イタリアンアウトドアブランド。ファッション性も高く、登山愛好家やクライマーから長年支持を得ている。

モンチュラ
☎ 0551-30-7625

焚き火

温泉

サウナ

アウトドアツアー

ハム・ドリンク

パン

ショップ

アウトドアベース

アウトレット

LAKESIDE FIREBASE P90

takibi hut P89

霧ヶ峰キャンプ場 P40

グラマラスダイニング蓼科 P68

ビーナスライン蓼科湖 P121

HYTTER LODGE & CABINS P18,98

bread&things P118
KALPA

TINY GARDEN 蓼科 P22

唐沢鉱泉 P92

蓼の花キャンプ場 P51

蓼科ハーバルノート・シンプルズ P115

八ヶ岳食工房合同会社 P113

八ヶ岳

立場川キャンプ場 P44

五光牧場オートキャンプ場

P114

P26

P117 清泉寮パン工房

八ヶ岳珈琲工房 テーブルランド

新栄清里キャンプ場 P28

P58

花の里キャンプ場 P4

みずがき山森の農園キャンプ場

富士見高原リゾート P106

フィッシングエリアやま里 P64

八ヶ岳アウトドア・
アクティヴィティーズ P109

P124

八ヶ岳リゾートアウトレット

P94 パノラマの湯

清里丘の公園オートキャンプ場 P32

道の駅こぶちさわ P119

清里中央オートキャンプ場

山のパン屋-桑の実 P116

P62

P118 ベーグルクラブ

P41 富士見町民広場キャンプ場

P118 やまゆり

P96 白州塩沢温泉フォッサ・マグナの湯

P120 道の駅 信州蔦木宿

P54 PAWS GROUND

P114 八ヶ岳の麓の酒屋 有限会社久保商店

P46 尾白川リゾートオートキャンプ場

P42 べるが尾白の森キャンプ場

P62 FLORA Campsite
in the Natural Garden

P100 KAIKOMA SAUNA

P49 フレンドパークむかわオートキャンプ場

P36 オートリゾートパーク・ビッグランド

P30 篠沢大滝キャンプ場

P74 CAMP24

P38 南アルプス三景園オートキャンプ場

P50 Foresters Village Kobitto

P34 TheCamp&Garden AMANAYU

P48 青木鉱泉小武川キャンプ場

Camp Inn 清里 GRANDEUR
P56

ウッドペッカーキャンプ場 P41

ハム日和

LivingAnywhere Commons P70

ひまわり市場 P121

P97 増富の湯

P113

Live&Bread CHECHEMENI company P116

パン屋ゼルコバ P117

SUCOYA COFFEE P115

山梨県

PICA 八ヶ岳明野 P60

道の駅 にらさき P120

P122 chAho Hostel Nirasaki / Outdoor Base

P117 asa-coya

0   5km

126

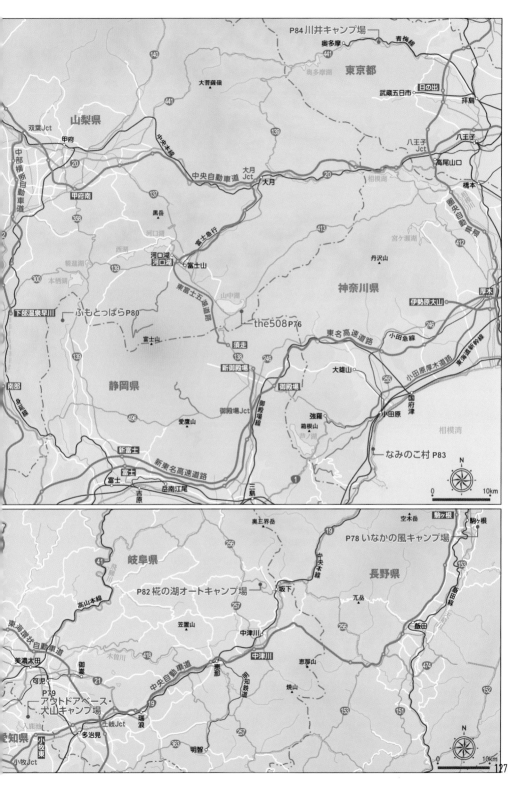

P84 川井キャンプ場
奥多摩　青梅線
奥多摩湖　441　東京都
140
大菩薩嶺　武蔵五日市　日の出
山梨県　441　139　拝島
双葉Jct　八王子
甲府　中央本線　八王子Jct
中部横断自動車道　20　大月Jct　20　高尾山口
358　中央自動車道　大月　相模湖　橋本
甲府南　137　圏央自動車道
黒岳　413　宮ヶ瀬湖　412
河口湖　丹沢山　厚木
西湖　富士急行
精進湖　139　河口湖　富士山　神奈川県　伊勢原大山
300　本栖湖　東富士五湖道路　山中湖
下部温泉早川　ふもとっぱらP80　the508 P76　東名高速道路　小田急線　246
139　富士山　須走　小田原厚木道路　東海道新幹線
138　新御殿場　246　大雄山　255　小田原
静岡県　御殿場Jct　御殿場　国府津
496　愛鷹山　御殿場線　強羅　箱根山　相模湾
新富士　箱根山　なみのこ村 P83
新東名高速道路　富士　1
富士　岳南江尾　三島
吉原

岐阜県　空木岳　駒ヶ根　駒ヶ根
奥茶臼岳　256　19　P78 いなかの風キャンプ場
41　中央本線　長野県
高山本線　P82 椛の湖オートキャンプ場　坂下　153
東海環状自動車道　257　兀岳　256
笠置山　中津川　飯田
美濃太田　木曽川　418　中津川　恵那山　474
御嵩　21　恵那　153
可児　中央自動車道　明知鉄道　焼山　151
P79 アウトドアベース・犬山キャンプ場　瑞浪　257
19　土岐Jct　152
入鹿池　多治見　363　明智
愛知県　小牧
小牧東
小牧Jct

0　10km N

127

八ヶ岳デイズ Presents
快適キャンプブック

TOKYO NEWS BOOKS

企画・編集　　株式会社ネオパブリシティ
編　　集　　篠田享志・近藤大央
デ ザ イ ン　　伊藤直子（株式会社ネオパブリシティ）
　　　　　　　高田正基（valium design market.inc）
　　　　　　　水野宜明
地　　図　　庄司英雄

八ヶ岳デイズ Presents
快適キャンプブック

第1刷　2021年7月26日

著　　者　　八ヶ岳デイズ編集部
発 行 者　　田中賢一
発　　行　　株式会社東京ニュース通信社
　　　　　　〒104-8415 東京都中央区銀座7-16-3
　　　　　　電話 03-6367-8004

発　　売　　株式会社講談社
　　　　　　〒112-8001 東京都文京区音羽2-12-21
　　　　　　電話 03-5395-3606

印刷・製本　　株式会社シナノ